JN085594

会社別就活ハンドブックシリーズ

2025

ダイキン工業の
就活ハンドブック

就職活動研究会 編
JOB HUNTING BOOK

は じ め に

　2021年春の採用から，1953年以来続いてきた，経団連（日本経済団体連合会）の加盟企業を中心にした「就活に関するさまざまな規定事項」の規定が，事実上廃止されました。それまで卒業・修了年度に入る直前の3月以降になり，面接などの選考は6月であったものが，学生と企業の双方が活動を本格化させる時期が大幅にはやまることになりました。この動きは2022年春そして2023年春へと続いております。

　また新型コロナウイルス感染者の増加を受け，新卒採用の活動に対してオンラインによる説明会や選考を導入した企業が急速に増加しました。採用環境が大きく変化したことにより，どのような場面でも対応できる柔軟性，また非接触による仕事の増加により，傾聴力というものが新たに求められるようになりました。

　『会社別就職ハンドブックシリーズ』は，いわゆる「就活生向け人気企業ランキング」を中心に，当社が独自にセレクトした上場している一流・優良企業の就活対策本です。面接で聞かれた質問にはじまり，業界の最新情報，さらには上場企業の株主向け公開情報である有価証券報告書の分析など，企業の多角的な判断・研究材料をふんだんに盛り込みました。加えて，地方の優良といわれている企業もラインナップしています。

　思い込みや憧れだけをもってやみくもに受けるのではなく，必要な情報を収集し，冷静に対象企業を分析し，エントリーシート作成やそれに続く面接試験に臨んでいただければと思います。本書が，その一助となれば幸いです。

　この本を手に取られた方が，志望企業の内定を得て，輝かしい社会人生活のスタートを切っていただけるよう，心より祈念いたします。

就職活動研究会

Contents

第1章

ダイキン工業の会社概況

会社によって選考方法は千差万別。面接で問われる内容や採用スケジュールもバラバラだ。採用試験ひとつとってみても，その会社の社風が表れていると言っていいだろう。ここでは募集要項や面接内容について過去の事例を収録している。

また，志望する会社を数字の面からも多角的に研究することを心がけたい。

✔ グループ経営理念

1. 「次の欲しい」を先取りし，新たな価値を創造する

2. 世界をリードする技術で，社会に貢献する

3. 企業価値を高め，新たな夢を実現する

4. 地球規模で考え，行動する

5. 柔らかで活力に満ちたグループ

　　1）しなやかなグループハーモニー

　　2）関係企業と刺激し合い，高め合う

6. 環境社会をリードする

7. 社会との関係を見つめ，行動し，信頼される

　　1）オープンである，フェアである，そして知ってもらう

　　2）地域に対して，私たちにしかできない貢献を

8. 働く一人ひとりの誇りと喜びがグループを動かす力

　　1）一人ひとりの成長の総和がグループの発展の基盤

　　2）誇りとロイヤリティ

　　3）情熱と執念

9. 世界に誇る「フラット＆スピード」の人と組織の運営

　　1）参画し，納得し，実行する

　　2）チャレンジャーこそ多くのチャンスをつかむ

　　3）多彩な人材を糾合し，個人の力をチームの力に

10. 自由な雰囲気，野性味，ベストプラクティス・マイウェイ

✔ 会社データ

創業	大正13年（1924年）10月25日
設立	昭和9年（1934年）2月11日
代表者	取締役社長 兼 CEO 十河　政則
資本金	85,032,436,655円
従業員数 （2023年3月 31日現在）	単独 7,618名 連結 96,337名
本社	大阪市北区梅田1-13-1 大阪梅田ツインタワーズ・サウス
グループ会社数 （2023年3月 31日現在）	連結子会社 347社 (国内30社、海外317社)
主要営業品目	空調・冷凍機，化学，油機，特機，電子システム

✔ 仕事内容

技術系

技術職コース

最先端の空調機を支える要素技術、および空調機器システム、冷凍・冷蔵機器システムの研究開発

グローバルでのビル・オフィス用・家庭用エアコン・油圧機器等の設計開発

先端商品開発と製造プロセス高度化のための生産技術研究開発

様々なニーズに対応した空間創造のための空調通信技術の研究開発

全社戦略的情報システムの設計とソフトウェア開発

サービスソリューションビジネス（サービス・保守・メンテナンス）の基盤構築の推進

市場・顧客からの技術情報に基づく、サービスエンジニアのための技術的支援（技術教育・サービス活動ツールの開発）など

技術営業（空調）コース

顧客ニーズに対応した大型物件の空調設備導入のための技術的なソリューション提案

空調関連事業部での、営業活動促進のための技術的支援（技術教育、営業ツールの開発）

保守・メンテナンス、運転管理、省エネ提案などのソリューションビジネス提案　など

化学事業コース

スペシャリティケミカルであるフッ素化学の研究開発、材料の応用技術の開発と顧客へのテクニカルサービス（研究開発・技術営業）

フッ素化合物、材料の分析技術、評価技術の開発（プロセス技術開発）

化学製品を製造するプラント技術に関する研究・開発・設計（プラントエンジニアリング、生産技術）　など

Knowledge Discovery and Data Mining (KDD) デジタル改革人材コース

昨今、デジタル技術の進展、プラットフォーマーの台頭により、次々とパラダイムシフトが起こり、これまで予想しなかった形で産業構造の変革が起きています。この「変革期」を乗り越えるために、ダイキン工業は今後も最先端の技

術を持つ様々な企業と協創し、IoT・AI技術を取り込み、データを活用しなが
ら、モノづくりからコトづくりへの大きな事業展開を目指していきます。

データの分析による知見獲得と、それによるデータ取得方法、計画の検討、お
よび課題設定の実施

分析による知見を活かしたモデル設計、最適化

実現アプローチの検討、分析モデルの設計、実現のためのシステム検討と構築

先端技術調査とその実装、試験運用、有用性判断

グローバルITセキュリティ・インフラコース

デジタルビジネスの成長可能性を拡げ、サイバーリスクを極小化するグローバ
ルICTの戦略策定

グループ全社・グローバルでのインフラ統合推進、セキュリティマネジメント
体制の構築　など

デザインコース

UI/UXデザイン・サービスデザイン（ビジネスモデルデザイン）

デザインの考案だけでない、プロトタイピング（ソフト・ハード）による具現
化　など

ファシリティマネジメントコース

ダイキン自社のグローバル拠点の施設計画・デザイン、拠点の個性に応じた最
適な建設プロジェクトの実現　グローバル既存工場などの安全性や生産性向上
させるための建物のリニューアルやメンテナンスの企画・計画、設計、監理

中長期エネルギー企画にもとづいた設備計画・建設の推進

自社、及び、ダイキングループにおける再エネの企画の推進

製造工程での省エネ、低炭素化に向けた企画・開発・計画の推進　など

知的財産コース

特許創出マネジメント、主要各国での権利取得強化、知財調査・分析

海外開発拠点の知財機能早期自立支援　など

コンタクトセンター企画運営コース

サービス対応力向上のためのシステム構築推進、教育計画立案

AIなどの新技術導入による顧客満足度向上や新たな価値創造

お問い合わせ内容の分析による商品開発力強化・サービス力強化

カスタマーサービスからのブランド力強化　など

事務系

事務系コース

国内外における空調・油機・化学製品等の営業及び営業企画

グローバルグループとしてのコーポレート業務（経営企画・経理財務・マーケ
ティング・広報・人事）

先進的 IT 技術の活用による、全社業務改革推進及びインフラ構築（社内 SE）

グローバルでのモノづくりを支える原料・部品調達、物流　など

法務コース

国内外の契約の作成・審査、グローバルにおける係争・訴訟の管理・対応、債
権回収、クレーム対応及びその他法的問題へのアドバイス・支援

株主総会の対応、印書・規定・文書管理、稟議進達及び商業登記　など

コンタクトセンター企画運営コース

サービス対応力向上のためのシステム構築推進、教育計画立案

AI などの新技術導入による顧客満足度向上や新たな価値創造

お問い合わせ内容の分析による商品開発力強化・サービス力強化

カスタマーサービスからのブランド力強化　など

✔ 先輩社員の声

ダイキンを、
「世界で一番愛される油圧ブランド」に

【油機事業部 企画部 グローバル営業グループ／ 2018 年入社】

▼ダイキンを一言で表現すると？その理由も教えてください

ダイキンは、"挑戦する機会にあふれる会社"です。強い想いさえあれば、信じてチャンスを与えてくれる会社だと思いますし、攻めた結果の失敗は咎めず、更なる挑戦を後押しする文化があります。周りにも野心的な仲間が多く、刺激的な環境です。

▼そんなダイキンで、成し遂げたい夢は何でしょう—

ダイキンを「世界で一番愛される油圧ブランドにすること」です。ダイキンの油機事業部は日本国内ではすでに大きなシェアを占めています。一方で、グローバル市場では欧州メーカーが市場を占有しており、ダイキンはまだ小さな存在です。現在、最大市場の欧州へ本格参入するため、総力を挙げて攻め込む準備を進める真最中。並み居るヨーロッパの巨人達を抑え世界を獲る物語を通じて、似たような逆境にある人々の背中を少しでも押すことができればと思います。

▼その背景にある思いは何ですか

世界で逞しく戦う姿を見せることを通じて、日本をもっと明るくしたいと思っています。その背景にあるのは、学生時代にアメリカに留学した際、思った以上に多くの人たちが日本に興味を持ってくれることを知った一方で、産業面では日本の存在感が薄いということに危機感を抱きました。だからこそ私は、「世界中から求められる製品の提供を通じて、日本を世界から一目置かれる国であり続けさせること」を目標にしています。その原動力となるのは、未来に希望を持てる社会を生きたいという願望であり、それは前進を感じられる社会でもあると思います。国内にとどまらず、世界に視野を広げて成長機会を求め、挑戦する姿を通じて、日本中になんとなく漂う将来への不安や停滞感を打ち破るような存在になりたいです。

▼仕事をする上で大切にしている価値観を教えてください

現場主義に徹することを大切にしています。現地代理店やユーザーに直接お話を伺うと、しばしば我々の想定していないニーズやご意見を頂きます。そのため、机上で考えるより実際に客先に足を運び、現場で困っていることを自分で見て聞いて感じることを大事にしています。お客様と侃侃諤諤の議論を通してお互いを理解し、信頼関係を築くことで単なるサプライヤーでなく"良きパートナー"と呼ばれるような行動を心掛けています。

お客様のもとへ製品が届くまでの、すべての関係者に最適な包装設計を目指して。

【物流本部 物流技術センター／ 2018 年入社】

▼ダイキンを一言で表現すると？その理由も教えてください

挑戦できる環境のある会社です。若手であっても、適性をみながら重要なテーマを担当でき、その仕事を遂行し、経験を積むことで成長に繋がる機会があるためです。

▼そんなダイキンで、成し遂げたい夢は何でしょう—

製品がお客様のもとに届くまで、製品を扱うすべての人々にとって扱いやすい包装を開発することです。製品が生産されてからお客様のもとに届くまでには、包装材の製造、製品の取り付け、保管、荷扱い、輸送などの工程がありますが、組立作業者や倉庫での荷扱い作業者、ドライバー、お客様といった、各工程で製品に触れる人にとって、包装材や包装の構造は製品の扱いやすさに大きく影響します。作業のしやすさを考慮した包装設計は簡単ではありませんが、実態調査を進め現場の声を吸い上げ、実現したいと考えています。

▼その背景にある思いは何ですか

自分の技術、アイデアを取り入れた包装設計が、社内外問わず多くの方々の困り事の改善に繋がった時、大きな喜びを感じます。

包装設計業務に携わるなかで、実際に製品の包装仕様を変えた際、お客様を始め、お客様の手元に届くまでに取り扱う多くの方々の作業性や負担の軽減に、大きな影響をもたらすことを「作業がし易くなった」、「包装材を取り外す手間、廃棄物の量が減り助かる」など、現場の声を耳にすることで実感しました。

上記のような包装設計を実現するためには、製品の保護性能を確保しつつコストや業務工数などの制約下で検討を進めるため高いハードルがありますが、これからも挑戦し続けたいです。

▼仕事をする上で大切にしている価値観を教えてください

業務を進めるにあたって、自分が何をどこまでできるのか相手に伝え、相互に理解することです。私が所属する部署は、製品設計、営業といった社内部門だけでなく、包装資材のサプライヤ様や製品を扱う物流事業者様など、常に多くの関係者と協力して仕事を進めています。そのため、相手の立場を考えながら受け身にならず、積極的に自分から伝えることを心掛けています。また、複数の業務を平行して進めるため、それぞれの優先順位を決めて、進み具合を管理しながら取り組むことも大切にしています。

AI、IoT、ビックデータなどの活用で、
戦略立案や意思決定の手法に変革をもたらす。

【テクノロジー・イノベーションセンター／2014年入社】

▼ダイキンを一言で表現すると？その理由も教えてください

"失敗を恐れず挑戦しつづける会社"です。「新しい価値を生み出したい！」「社会に貢献したい！」「現状を変えていきたい！」という熱い想いを持つ人に対して、信じて任せてくれる環境があると感じています。

▼そんなダイキンで、成し遂げたい夢は何でしょう―

AI、IoT、ビックデータなどのデジタル技術を活用して、社会に貢献できる新たな価値を次々と生み出していけるような環境をつくりあげたいです。そのためには、材料開発や新規事業創出の戦略立案の手法の変革や、広い視野で世の中の動向をスピーディーに把握することが重要だと考えます。そういったことを意識しつつ、特に化学事業においては、顧客からの要望に応じて製品開発を行うだけでなく、世の中のニーズを先取りして提案し、ビジネスへと繋げる動きをするための支援をしたいと考えています。

▼その背景にある思いは何ですか

入社2年目でフッ素系コーティング剤の研究開発に携わっていた時、材料開発を加速するために分子シミュレーション技術を獲得してほしいと上司から任されました。分子シミュレーションに関する知見は私自身にも、当時の社内にもなかったので、外部セミナーへの参加や共同研究を通して技術獲得を進めていきました。分からないことばかりで苦労することも多かったですが、新たなアプローチによって、実験だけでは難しかった新たな知見を得ることもできるように。従来のやり方にこだわるのではなく、新しいアプローチや観点を外部からどんどん取り入れることの重要さを実感した原体験です。フッ素にはユニークな特性が多々あり、産業におけるイノベーションに貢献できる可能性も秘めています。これまでのやり方にこだわらず、フッ素の活躍の場を広げていきたいです。

▼仕事をする上で大切にしている価値観を教えてください

"できる、できない"ではなく、"何を成し遂げたいか"を大事にしています。材料開発への分子シミュレーションの導入や、デジタル技術を活用した戦略立案など、新しいことに挑戦するときには社内に知見がないことも多くあります。誰も正解が分からない中、壁にぶつかりくじけそうになることもありますが、そんな中でも"できる"ようにするにはどうしたらいいかを考え、試行錯誤し続けること。実際に道が拓けた経験があるからこそ、決して無理とは思わず、できると信じて新しいことに挑戦することを大切にしています。

✔ 募集要項

応募資格	入社時までに大学、大学院を卒業（見込）・修了（見込）の方、および同程度の学力をお持ちの方。または、卒業・修了後3年以内で未就業の方。
募集職種	【技術系】 技術職コース／技術営業（空調）コース／化学事業コース／Knowledge Discovery and Data Mining (KDD)デジタル改革人材コース／グローバルITセキュリティ・インフラコース／ファシリティマネジメントコース／知的財産コース／コンタクトセンター企画運営コース 【事務系】 事務系コース／法務コース／コンタクトセンター企画運営コース
初任給	博士了 298,800円　修士了 274,800円 大学卒 255,000円　（2023年4月実績）
昇給	年1回（4月）
賞与	年2回（6月，12月）
勤務時間	標準労働時間 7時間45分 本社・支社 9:00～17:30 製作所 8:30～17:00 ※フレックスタイム制、裁量労働制あり
休日休暇	完全週休2日制、夏季休暇、年末年始など年間休日124日、年次有給22日（初年度14日）、慶弔、育児・介護休職制度、5連休制度
福利厚生	独身寮・社宅完備、保養所（蓼科、宝塚、那須）、退職年金制度、住宅融資制度、財形貯蓄制度、持ち株制度等あり
保険	雇用・労災・健康・厚生年金保険加入
教育	新入社員導入教育、海外拠点実践研修制度、社内専任講師による語学研修、新任基幹職研修、国内留学制度、通信教育制度ほか

✔ 採用の流れ (出典：東洋経済新報社『就職四季報』)

エントリーの時期	【総・技】3月～職種により異なる
採用プロセス	【総】ES提出（3月～）→適正テスト（3月～）→面談（3回，3月～）→内々定（6月上旬～） 【技】ES提出（3月～）→面談（3月～）→社員懇談（3月～）→面談（3月～）→内々定（6月上旬～）

採用実績数		大卒男	大卒女	修士男	修士女
	2022年	33 (文：20 理：13)	34 (文：26 理：8)	109 (文：0 理：109)	43 (文：0 理：43)
	2023年	31 (文：15 理：16)	49 (文：34 理：15)	105 (文：0 理：105)	41 (文：1 理：40)
	2024年	72 (文：33 理：39)	71 (文：60 理：11)	173 (文：1 理：172)	44 (文：2 理：42)

採用実績校	【文系】 （大学院）京都大学，大阪大学，立命館大学 （大学）早稲田大学，大阪大学，同志社大学，立命館大学，神戸大学，上智大学　他 【理系】 （大学院）大阪公立大学，大阪大学，神戸大学，同志社大学，関西大学，東京工業大学，豊橋技術科学大学，早稲田大学，名古屋大学，九州大学　他 （大学）立命館大学，関西大学，同志社大学　他

■ダイキン、素材新興に出資　空調機器の冷媒再利用で (1/13)

　ダイキン工業は 13 日、コーポレートベンチャーキャピタル（CVC）を通じ、素材開発の京都大学発スタートアップのアトミス（京都市）に出資したと発表した。ダイキンが進める空調機器の冷媒の再利用で、アトミスが開発する素材を活用する。

　ダイキンがアトミスの第三者割当増資を引き受けた。出資額は明らかにしていない。

　冷媒は温暖化ガスを含み、ダイキンは新たな生産を抑えるために冷媒の回収や再生を強化する方針を掲げている。アトミスが開発した新素材は特定の気体分子のみを吸着し分離させることが可能で、冷媒の回収や再生に必要な不純物の除去などに応用ができると判断した。

　ダイキンは 2019 年に CVC を設立。24 年までの 5 年間でスタートアップなどに 110 億円の出資をする計画だ。

■ダイキン、脱炭素で国際団体に加盟（3/20）

　ダイキン工業は 20 日、国際団体である「持続可能な開発のための世界経済人会議（WBCSD）」に加盟したと発表した。WBCSD は世界で 200 社以上が加盟しており、脱炭素などに関わる意見交換や提言を行う。ルール形成に一定の影響力があり、ダイキンは環境性能などの規格づくりを主導する狙いもある。

　世界の空調台数は 2050 年に現在の 3 倍に拡大するとみられており、エネルギー消費の増大が課題となっている。ダイキンは省エネ性能の高い空調など環境技術に強みがあり、空調世界大手として意見交換などに参加する。

■ダイキン、米国で低価格省エネエアコン　シェア首位狙う (5/1)

　ダイキン工業は米国で省エネルギー性能が高く、価格が 2 割ほど安い家庭用エアコンの販売を始める。スマートフォンでのエアコン遠隔監視など一部機能を制限してコストを抑える。米国では政府の省エネ規制を背景に環境性能の高いエアコンの売り上げが伸びている。低価格帯のラインアップを増やすことで幅広い顧客を取り込み、2025 年度までに米国でシェア首位を目指す。

　モーターの回転数を細かく制御する「インバーター」を搭載することで、消費

電力を３割程度減らすことができる省エネエアコンの品ぞろえを増やす。新たに低価格帯の省エネエアコンを 12 年に買収した「グッドマン」ブランドで 23 年中にも投入する。高価格帯の「ダイキン」ブランドとのすみ分けを狙う。

　米政府はエアコンの省エネ規制を強化しており、23 年 1 月からメーカーが出荷できる水準を厳しくしている。ただインバーターを搭載したエアコンの普及率は 10% 台と「世界の中でも低い水準にある」（ダイキン）。規制強化を背景に省エネエアコンの需要は急激に高まるとみられる。顧客の手が届きやすい価格帯の製品も用意することで、インバーターを搭載したエアコンの 25 年度の米国での出荷台数を、22 年度見込み比で 6 倍の 50 万台に引き上げる。

　ダイキンは 23 年 3 月期に米州の売上高が初めて 1 兆円を超えたようだ。25 年までに米国での家庭用・業務用エアコンの売上高でシェア首位を目指している。業界分析を手がけるディールラボによると、ダイキンの米市場でのシェアは 21 年に約 17% で 2 位。首位の米トレイン・テクノロジーズと約 4 ポイントの差がある。

■ダイキン、CO2 を合成樹脂原料に　同志社大学と実証（11/15）

　ダイキン工業は 15 日、二酸化炭素（CO_2）を再利用し、合成樹脂の原料や金属の溶接などに使う「アセチレン」を生成する技術を同志社大学と共同で実証したと発表した。高温の溶融塩の中で CO_2 を電気分解し、アセチレンの主原料であるカーバイドを合成した。火力発電所などでの採用を目指し、規模拡大や設備化の検討などを進める。

　アセチレンは、コークスと石灰石を高温で熱して製造する工程での CO_2 排出量が大きい。CO_2 を再利用したカーバイドと水を反応させることでアセチレンを生成できれば、脱炭素化に貢献できるとしている。

　同志社大との共同研究で、電気分解を 2 段階に分けることで回収効率を 80% 近くまで高められることを実証した。ビーカーで実施していた検証の 30 倍となる規模での長時間連続運転でも同様の成果が確認できた。

　今後ダイキンが化学プラントを運用してきたノウハウなどを生かし、実用化を目指して設備化やエンジニアリングの研究を進める。実用化に向けて他の企業などとの協業も検討する。現在は基礎研究段階で具体的な計画は今後詰めるが、30 年にも実用化のめどをつけたい考えだ。

■ダイキンの空気清浄機、3年で販売6割増へ 業務用や海外（1/5）

ダイキン工業は空気清浄機事業をてこ入れする。国内で飲食店やホテルなど業務用の新商品を相次ぎ発売し、米国など海外に家庭用を含めて日本の主力品を投入する。2024年3月期の事業売上高を21年3月期に比べ6割増の400億円規模に引き上げる。

ダイキンの空気清浄機は集めたウイルスや菌などをプラズマ放電で不活化する独自の「ストリーマ技術」が特徴だ。ただ売上高の大半を占める国内市場は「プラズマクラスター」の独自技術を持つシャープや「ナノイー」を持つパナソニックが先行する。

「新型コロナウイルス禍からの経済再開で業務用途が増える」（舩田聡・空調営業本部長）とみて、国内の同分野の商品力を強化する。既に標準装備のストリーマに加えて、集じん機能に優れ様々な菌の繁殖を抑えるフィルターと、旭化成が開発した短時間で除菌できる深紫外線発光ダイオード（LED）を新たに標準装備にする。

使い勝手も高める。このほど加湿用の水のタンクを、本体から外さず水を注げる新商品を発売した。飲食店や病院など立ち仕事が多い職場に向く。設置面積が992平方センチメートルと競合品より小さく置き場所をとらない。ホテルのロビーなどに向く大空間をカバーする商品も開発する。

4月に天井パネルに埋め込むタイプの空気清浄機を発売する。天井に埋め込まれた既設の空調に、空気清浄機能を追加する商品も6月に発売する。

高いシェアを持つ業務用空調の販売代理店や修理サービス店を販路として活用する。新築ビルへの空調販売や既設空調の点検などの際に空気清浄機の導入を提案する。

海外展開も加速する。21年10月に日本で発売した家庭用の新商品を22年3月期中に米国で発売し、その後に欧州とアジア（中国を除く）に投入する方針だ。業務用の新製品を米国で23年3月期に発売し、順次広げる。海外の商品は各市場に合わせて機能を加えたり削ったりしやすい設計にした。

海外売上高構成比を将来的に5割前後に引き上げる。特にアジアは「ゼロに近かった市場が急成長している」（十河政則社長）。域内に約2万店ある空調の販売店を通じて売り込む。

ダイキンは売上高世界首位の空調で、価格競争が激しい家庭用の普及品ではな

く、業務用や家庭用の高付加価値品を起点に事業を拡大した。空気清浄機で再現
を狙う。

■ダイキン、飲食店向け空調でサブスク　月額1万円で (4/12)

　ダイキン工業は12日、初期費用なしで空調機器を月額利用できる飲食店向け
サブスクリプション（定額課金）サービスを5月27日に始めると発表した。利
用料は1台あたり月1万円程度となる見通し。新型コロナウイルス禍で手元資金
の確保を進めたい飲食店などが増えている。50万～100万円程度とされる初期
費用のかからない新サービスで需要を開拓する。

　三井住友ファイナンス＆リース、SMFLレンタルと共同で「ジアスコネクト」
というサービスを始める。利用者は機器や設置工事などの初期費用や修理費用、
管理のサポート費用などを月額利用料として支払う。導入機器などによって異な
るが、月額利用料は1万円前後となる見通し。2025年には店舗・オフィス向け
販売の1割程度を占める目標を掲げる。

　冷媒漏れや機器の異常を検知し、利用者に通知する仕組みも導入する。月額利
用料とは別に追加メニューとして、フィルターの掃除代行や熱交換器の洗浄、消
耗部品の交換などを用意する。

　ファイナンスリースと異なり、契約期間中に中途解約することもできるとする。
契約期間は3～7年で、更新の際には最新機種に入れ替えが可能だ。省エネ性能
の進展で、電気代の節約につながる。

　コロナ禍で急に営業に制限がかかるリスクから、飲食店や宿泊業者、小売店な
どは手元資金を厚めに持つ傾向が強まっている。初期費用のかからない機器導入
への需要は高いとみており、長期的には店舗・オフィス向け販売の半分程度まで
比率を高める考えだ。

■ダイキン、11月に本社移転　阪神・大阪梅田駅直結のビル (9/7)

　ダイキン工業は11月24日に本社を移転する。梅田センタービル（大阪市北区）
から3月に開業した高層複合ビル「大阪梅田ツインタワーズ・サウス」（同）に移す。
顧客との交流を活発にするため応接室などを増やす。オンライン会議をしやすい
会議室を充実させるなど、新型コロナウイルス下で定着した新しい働き方にも適
した形にする。

　大阪梅田ツインタワーズ・サウスは阪神電気鉄道の大阪梅田駅に直結し、低層
階には阪神百貨店梅田本店が入る。

✔2021年の重要ニュース （出典：日本経済新聞）

ダイキン、エアコン部品を世界共通に　開発期間を半減 (1/13)

　ダイキン工業は家庭用エアコンの部品をグローバルで共通化する新たな設計手法を2023年に全面導入する。熱交換器やファンといった部品を機種ごとに新規開発する必要がなく、新製品の開発期間やコストを半分以下にできる。中国勢との激しい競争にさらされるなか、自動車業界で先行する共通化手法を取り入れ、競争力を高める。

　家庭用エアコン部品のうち全体の5～6割に相当する熱交換器やファン、モーターなどを「基本モジュール」とし、世界で共通化する。フィルターを自動で掃除するユニットなど付加価値を高める部品は「機能モジュール」と位置づけ、各地の気候や消費者の所得水準に合わせて追加できるようにする。このモジュール方式は足元では製品の3割ほどに導入しており、21年に4～5割、23年には全機種に広げる。

　エアコンは新製品の開発にあわせて設計を決め、企画から完成まで1年から1年半かかる。新手法では、共通化した部品をブロックのように組み合わせて効率化し、開発期間やコストを大幅に抑えられる。

　ダイキンがコスト削減を進める背景に低価格の家庭用エアコンに強い中国メーカーとの競争激化がある。例えば珠海格力電器はダイキンの3倍以上となる年間3000万台規模を生産・販売する。部品調達力が高く、東南アジアや欧州など世界で攻勢を強めている。

■ダイキン、MR技術で空気の流れ可視化　感染症対策に (2/27)

　ダイキン工業は複合現実（MR）技術を活用し、空気の流れを可視化するサービスを開発した。部屋の設計図や空調機器のデータを基にシミュレーションし、米マイクロソフトのゴーグル型MR端末に映し出す。ダイキンは分析結果を受けて空調設備の見直しや換気装置の導入などを提案し、新型コロナウイルスなど感染症の対策につなげる。

　MRは現実の景色に仮想世界の映像を重ねて表示する技術。空調大手のダイキンは気流の分析や制御に強い。新技術では病院の診察室などを対象に給気口や排気口の位置、エアコンから出る風の向きといった情報を総合的に分析する。

ゴーグル型 MR 端末「ホロレンズ」を着けると、空気がどのように流れているかが現場で見えるようになる。温度の高い場所の気流を赤くするなど、温度や風速の違いを色分けして表示することも可能だ。

　大病院は一般的に、空気の流れを制御し患者から医師らにウイルスや細菌が感染しないような空間設計がなされている。小規模なクリニックは対策が不十分なケースもある。新技術を活用すれば、換気が行き届いているか、感染リスクが高い空気の流れになっていないかなどを簡単に確認できる。

　2021 年度から MR を使った空気診断を本格的に始める。業務用空調の施工管理や保守を手掛けるグループ会社、ダイキンエアテクノが中心になり、換気装置や空気清浄機を導入したり、高性能のエアコンに入れ替えたりといった提案を行う。

　ダイキンは新型コロナの感染拡大を受けて 20 年、簡単な工事で後付けできる換気装置の販売を始めた。21 年 5 月以降、学校の教室や病院向けに天井につるせるタイプなど品ぞろえを拡充する。

■ダイキン、希望者 70 歳まで再雇用　成果に応じ賞与 4 段階（3/30）

　ダイキン工業は 30 日、2021 年 4 月から社員が希望すれば 70 歳まで再雇用すると発表した。これまでは 60 歳の定年後、再雇用は 65 歳までだったが 5 年延長する。原則一律としてきた賞与も成果に応じて 4 段階に分けて支給し、ベテラン人材の意欲を引き出す。

　現在は 65 歳までを再雇用期間と位置づけ、それ以上の年齢については会社側が求める人材についてのみ「シニアスキルスペシャリスト契約社員」として雇用している。60 歳以上 65 歳未満の再雇用者は 500 人ほどおり、制度変更により70 歳まで働けるようにする。

　ダイキンでは 56 歳以上の社員の割合が現在 20% ほどだが、30 年度には25% に上昇する見込みだ。一方、若手が設計した人工知能（AI）による空調機の開発手法についてもベテランが熟練者の観点からアドバイスするなど活躍の場は広がっており、将来にわたって長く働き続けられる環境づくりを急ぐ。「グローバル化するなかで海外で働くベテラン人材も増えている」（人事本部の池田久美子担当部長）という。

　賞与は標準的な評価に比べて最大で 6 割多い金額を受け取れる 4 段階評価の仕組みを取り入れる。個人差はあるが、年収は 55 歳時点の 7 割程度の水準という。

　4 月には改正高年齢者雇用安定法が施行され、70 歳になるまで就業機会を確保することが企業の努力義務となる。

✔ 受験者情報

> 企業の求める人物像に合わせていくのではなく，ありのままの自分で臨んだほうがよいかと思います。

技術職 2021卒

エントリーシート
- 形式：採用ホームページから記入
- 内容：志望動機／研究概要／希望職種／イノベーション事例／共感する企業理念

セミナー
- 選考とは無関係
- 服装：きれいめの服装
- 内容：会社概要や職種，仕事内容など。本音を話してくれる社員が多い印象。

筆記試験
- 形式：Webテスト
- 課目：数学，算数／国語，漢字／性格テスト
- 内容：SPI（テストセンター）

面接（個人・集団）
- 雰囲気：和やか
- 回数：1回
- 内容：研究概要（軽く）／志望動機／やりたいこと／これまでの人生について／逆質問の時間も長い

内定
- 拘束や指示：6月まで待ってもらえるし，早く入社を決めたら内定者懇親会に参加できる
- 通知方法：電話

▶ その他受験者からのアドバイス
- 面接官だけでなく，社員自体がフランク
- 企業の求める人物像に合わせていくのではなく，ありのままの自分で臨んだほうがいい。

内定先から一つに決める時のためにも，絶対譲れない軸をもち，優先順位をつけて会社選びをしましょう。

技術職 2020卒

エントリーシート
- 形式：採用ホームページから記入
- 内容：志望動機(100文字)／希望職種(選択)／なぜその職種か／研究概要(200文字)／経営理念(3つ選択・理由(200文字))など

セミナー
- 選考とは無関係
- 服装：きれいめの服装

筆記試験
- 形式：Webテスト
- 課目：数学，算数／国語，漢字／性格テスト
- 内容：SPI（テストセンター）

面接（個人・集団）
- 雰囲気：和やか
- 回数：2回
- 内容：研究概要についての質問／研究でこだわったポイント／ESについて，なぜ頑張ったのか，なぜそうしたのか？など／得意なこと／どんな業務に携わりたいか

内定
- 通知方法：電話
- タイミング：予定より早い

▶ その他受験者からのアドバイス
- 内定先から一つに決める時のためにも絶対譲れない軸をもち，優先順
- 位をつけて会社選びをする。

就職活動のスケジュールは人それぞれなので，あまり人と比べず頑張ってほしい。

事務系総合職 2020卒

エントリーシート

・形式：採用ホームページから記入。
・志望動機について，希望職種・職種希望理由，経営理念のうち共感したもの，その理由，学生時代にイノベーションを起こした経験，海外経験について（任意），全体的にかなり指定文字数が少なめ。

セミナー

・選考とは無関係。服装：リクルートスーツ
・コンタクトセンターの職場見学。企業の基本情報・基本的な仕事内容やキャリアパスの背地名と現役社員との座談会。実際に職場を見たり社員の話を聞くことで仕事のイメージがわきやすい貴重な機会だと思われる。

筆記試験

・形式：Webテスト
・課目：数学，算数 / 国語，漢字 / 性格テスト
・特別な勉強は不要。

面接（個人・集団）

・雰囲気は和やか。自己PR，志望動機，学生時代に力を入れた事，入社してやりたい事など，スタンダードな質問。非常に和やか。
・逆質問の時間がかなり長いので，事前にしっかり企業研究を行い，調べてきた情報に基づいた質問がしっかり出来ると良いと思う。

内定

・通知方法：電話

● その他受験者からのアドバイス

・自分が仕事を通じて何を実現したいか，入社してからどんなことをしたいか，創造でもいいのでしっかり軸を持つと就職活動がうまくいくと思う。

インターンシップは企業研究をするうえで，最も深く知る方法だと思う。できれば複数社行くことをおすすめする。

技術系総合職 2020卒

エントリーシート

・志望動機，希望職種，その職種を選んだ理由，「研究テーマについて（これから始める研究テーマについての方向性、課題、ポイントなど）」または「興味のある技術分野について（これから始める研究テーマと直結していなくてもよい。）」，経営理念について共感したものを3つとその理由。

セミナー

・選考とは無関係。服装：リクルートスーツ
・エントリーシート通過者対象のセミナーに行った。業界説明は最初の20分程度，その後3人×20分の座談会があった。情報通信関係・開発・メンテナンスの職種の社員が呼ばれていた。

筆記試験

・形式：Webテスト
・課目：数学，算数／国語，漢字／性格テスト
・内容：テストセンターでのSPI3

面接（個人・集団）

・雰囲気は和やか。内容は，研究概要を資料を用いて発表した後，研究についての質問，入社後はどのような仕事をしていきたいか，志望度についての深堀り，なぜダイキンか，頑張ったことはあまり聞かれなかった。
・雑談メインでたまに鋭い質問。

内定

・通知方法：電話
・こちらから返答期限を指定する自己申告制。悩んでいる旨を伝えたら相談の場を下さったりと非常に対応がよかった。共通の締め切りはあったが融通はきく

● その他受験者からのアドバイス

・セミナー・インターンシップの参加や業界研究等やるべきことはたくさ
・んあるので周りより早くに動き出すこと。自分は3年の11月から開始
・したがちょうどよかったと思う。

総合職（技術） 2019卒

エントリーシート
・提出方法は，マイページ上で
・質問内容は，研究テーマについて，当社の経営理念について，その理由，学生時代の取り組みや経験について　等

セミナー
・選考との関係は，無関係
・服装は，リクルートスーツ
・内容は，社員と話が出来る時間を十分に設けられているので，気になることはなんでも質問できた。

筆記試験
・形式は，Webテスト
・課目は，数学，算数／国語，漢字
・内容は，SPI

面接（個人・集団）
・雰囲気は，和やか
・質問内容は，自己紹介，研究内容など，ESに基づいた質問
・回数は，2回

内定
・通知方法は，メール

▶ その他受験者からのアドバイス
・面接では逆質問の時間が長かったので事前に準備しておくとよいと思い
・ます。研究概要についてはわかりやすく説明することを重要視し，ま
・た内容だけでなく自分が何について頑張ったのか取り組みについてよく
・わかるように意識して作成し説明をしました。

自分の軸をしっかり決めてそこに突き進みましょう。
そうすれば道は開けます

技術総合職 2018卒

エントリーシート
・内容は，志望動機，希望職種，理由，研究テーマ，当社の経営理念について，
　学生時代の取り組みや経験について
・形式は，採用ホームページから記入

セミナー
・選考との関係は，無関係だった

筆記試験
・形式は，Webテスト
・課目は，数学，算数／国語，漢字
・内容は，SPI

面接（個人・集団）
・雰囲気は，和やか
・質問内容は，研究内容，やりたいこと，逆質問
・回数は，2回

内定
・拘束や指示は，特になし
・通知方法は，電話
・タイミングは，予定より早かった

● その他受験者からのアドバイス

・連絡が早い
・逆質問の時間が多くユニーク
・面接時にお茶を出してくれる

企業研究をすることが何よりも重要。院卒でも何社もエントリーしましょう。

技術総合職 2018卒

エントリーシート
・内容は，経営理念に共感したところを記述させるところが特徴的
・形式は，採用ホームページから記入

セミナー
・選考との関係は，無関係だった
・服装は，リクルートスーツ
・内容は，テクノロジーイノベーションセンターの見学

筆記試験
・形式は，マークシート
・課目は，数学，算数／国語，漢字

面接（個人・集団）
・雰囲気は，和やか
・質問内容は，研究についての質問が多い。入社してからどのようなことに取り組みたいか。逆質問をすr機会が多い。
・回数は，2回

内定
・通知方法は，メール

❶ その他受験者からのアドバイス
・よかった点は，面接の前に若手社員とのお話を通して緊張を和らげることができた。
・よくなかった点は，エントリーシートの通過の返事が遅かった。

全ての業界を見たほうがいい。興味がなくても説明会に参加して，その業界を知ることが大切。

総合職 2018卒

エントリーシート
・内容は，志望理由，志望職種，研究概要，学生時代の経験
・形式は，採用ホームページから記入

セミナー
・選考との関係は，無関係だった
・服装は，リクルートスーツ
・内容は，参加しなかった。説明会は関係ないようです

筆記試験
・形式は，Webテスト
・課目は，英語／数学，算数
・内容は，SPIのテストセンター

面接（個人・集団）
・雰囲気は，和やか
・質問内容は，自己紹介，自己PR，研究内容，志望職種，学生時代の経験，
・趣味，将来やりたいこと，逆質問
・回数は，2回

内定
・拘束や指示は，即日で連絡があった。面接日の夕方には連絡があった。
・通知方法は，電話
・タイミングは，予定より早かった

▶ その他受験者からのアドバイス
・連絡が即日であった。面接の雰囲気が和やか。お茶が出た。内々定者
・は交通費が申請できる。

全ての業界を見たほうがいい。興味がなくても説明会に参加して，その業界を知ることが大切。

総合職 2018卒

エントリーシート
・内容は，志望理由，志望職種，研究概要，学生時代の経験
・形式は，採用ホームページから記入

セミナー
・選考との関係は，無関係だった
・服装は，リクルートスーツ
・内容は，参加しなかった。説明会は関係ないようです。

筆記試験
・形式は，Webテスト
・課目は，英語／数学，算数
・内容は，SPIのテストセンター

面接（個人・集団）
・雰囲気は，和やか
・質問内容は，自己紹介，自己PR，研究内容，志望職種，学生時代の経験，趣味，将来やりたいこと，逆質問
・回数は，2回

内定
・拘束や指示は，即日で連絡があった。面接日の夕方には連絡があった。
・通知方法は，電話
・タイミングは，予定より早かった

▶ その他受験者からのアドバイス
・連絡が即日であった。面接の雰囲気が和やか。お茶が出た。内々定者
・は交通費が申請できる。

就活は人生で一番自分に向き合う時期です。自分に合う企業を根気よく向き合って模索してください。

技術一般 2018卒

エントリーシート
・形式は，採用ホームページから記入

セミナー
・選考との関係は，無関係だった

筆記試験
・形式は，Webテスト

面接（個人・集団）
・雰囲気は，和やか
・質問内容は，研究内容，ダイキン，空調のどういったところに興味を持ったか，何がしたいか，海外に興味はあるか
・回数は，2回

内定
・通知方法は，電話

● その他受験者からのアドバイス
・よかった点は，面接の雰囲気が和やかで，人として向き合ってくれたのが良かった。結果の連絡も早かった。
・よくなかった点は，6月より前にトークセッションがあり，結局予定が合わず参加できなかった。

決して焦ることなく，自分のペースで，1社1社丁寧に，常に自分のベストを尽くすようにして就活頑張ってください。

化学事業部 2017卒

エントリーシート

・内容は，その職種を選んだ理由，研究テーマについて，当社の経営理念について，学生時代の取り組みや経験についてなど
・形式は，採用ホームページから記入

セミナー

・選考との関係は，無関係だった
・服装は，リクルートスーツ
・内容は，人事による企業紹介，社員懇談会

筆記試験

・形式は，Webテスト
・課目は，数学，算数／国語，漢字／性格テスト
・内容は，SPI

面接（個人・集団）

・雰囲気は，和やか
・質問内容は，志望動機，研究概要，技術者としての強み，なんで世界に興味があるのかなど
・回数は，2回

内定

・通知方法は，電話
・タイミングは，予定通り

● その他受験者からのアドバイス

・面談の結果が1回目も2回目も早かった
・人事の方が丁寧で，穏やかな雰囲気だった

企業選びの軸をしっかりと定め，自分に合うと確信できる企業を見つけて下さい。努力すればきっと見つかります。

技術（自由応募）2017卒

エントリーシート
・内容は，志望動機，希望職種，その職種を選んだ理由，研究テーマについてなど
・形式は，採用ホームページから記入

セミナー
・服装は，リクルートスーツ
・内容は，グループワーク

筆記試験
・形式は，Webテスト
・内容は，SPI

面接（個人・集団）
・雰囲気は，和やか
・質問内容は，自己紹介，研究内容の説明など
・回数は，2回

内定
・通知方法は，電話

● その他受験者からのアドバイス
・推薦だからと言って受かりやすくはない
・自由の選考が遅い

✔ 有価証券報告書の読み方

01 部分的に読み解くことからスタートしよう

「有価証券報告書（以下，有報）」という名前を聞いたことがある人も少なくはないだろう。しかし，実際に中身を見たことがある人は決して多くはないのではないだろうか。有報とは上場企業が年に１度作成する，企業内容に関する開示資料のことをいう。開示項目には決算情報や事業内容について，従業員の状況等について記載されており，誰でも自由に見ることができる。

　一般的に有報は，証券会社や銀行の職員，または投資家などがこれを読み込み，その後の戦略を立てるのに活用しているイメージだろう。その認識は間違いではないが，だからといって就活に役に立たないというわけではない。就活を有利に進める上で，お得な情報がふんだんに含まれているのだ。ではどの部分が役に立つのか，実際に解説していく。

■有価証券報告書の開示内容

　では実際に，有報の開示内容を見てみよう。

有価証券報告書の開示内容

第一部【企業情報】
　第１　【企業の概況】
　第２　【事業の状況】
　第３　【設備の状況】
　第４　【提出会社の状況】
　第５　【経理の状況】
　第６　【提出会社の株式事務の概要】
　第７　【提出会社の状参考情報】
第二部【提出会社の保証会社等の情報】
　第１　【保証会社情報】
　第２　【保証会社以外の会社の情報】
　第３　【指数等の情報】

有報は記載項目が統一されているため，どの会社に関しても同じ内容で書かれている。このうち就活において必要な情報が記載されているのは，第一部の第1【企業の概況】〜第5【経理の状況】まで，それ以降は無視してしまってかまわない。

02 企業の概況の注目ポイント

　第1【企業の概況】には役立つ情報が満載。そんな中，最初に注目したいのは，冒頭に記載されている【主要な経営指標等の推移】の表だ。

回次		第25期	第26期	第27期	第28期	第29期
決算年月		平成24年3月	平成25年3月	平成26年3月	平成27年3月	平成28年3月
営業収益	(百万円)	2,532,173	2,671,822	2,702,916	2,756,165	2,867,199
経常利益	(百万円)	272,182	317,487	332,518	361,977	428,902
親会社株主に帰属する当期純利益	(百万円)	108,737	175,384	199,939	180,397	245,309
包括利益	(百万円)	109,304	197,739	214,632	229,292	217,419
純資産額	(百万円)	1,890,633	2,048,192	2,199,357	2,304,976	2,462,537
総資産額	(百万円)	7,060,409	7,223,204	7,428,303	7,605,690	7,789,762
1株当たり純資産額	(円)	4,738.51	5,135.76	5,529.40	5,818.19	6,232.40
1株当たり当期純利益	(円)	274.89	443.70	506.77	458.95	625.82
潜在株式調整後1株当たり当期純利益	(円)	—	—	—	—	—
自己資本比率	(%)	26.5	28.1	29.4	30.1	31.4
自己資本利益率	(%)	5.9	9.0	9.5	8.1	10.4
株価収益率	(倍)	19.0	17.4	15.0	21.0	15.5
営業活動によるキャッシュ・フロー	(百万円)	558,650	588,529	562,763	622,762	673,109
投資活動によるキャッシュ・フロー	(百万円)	△370,684	△465,951	△474,697	△476,844	△499,575
財務活動によるキャッシュ・フロー	(百万円)	△152,428	△101,151	△91,367	△86,636	△110,265
現金及び現金同等物の期末残高	(百万円)	167,525	189,262	186,057	245,170	307,809
従業員数 [ほか，臨時従業員数]	(人)	71,729 [27,746]	73,017 [27,312]	73,551 [27,736]	73,329 [27,313]	73,053 [26,147]

　見慣れない単語が続くが，そう難しく考える必要はない。特に注意してほしいのが，**営業収益**，**経常利益**の二つ。営業収益とはいわゆる**総売上額**のことであり，これが企業の本業を指す。その営業収益から営業費用（営業費（販売費＋一般管理費）＋売上原価）を差し引いたものが**営業利益**となる。会社の業種はなんであれ，モノを顧客に販売した合計値が営業収益であり，その営業収益から人件費や家賃，広告宣伝費などを差し引いたものが営業利益と覚えておこう。対して経常利益は営業利益から本業以外の損益を差し引いたもの。いわゆる金利による収益や不動産収入などがこれにあたり，本業以外でその会社がどの程度の力をもっているかをはかる絶好の指標となる。

■会社のアウトラインを知れる情報が続く。

　この主要な経営指標の推移の表につづいて，「会社の沿革」，「事業の内容」，「関係会社の状況」「従業員の状況」などが記載されている。自分が試験を受ける企業のことを，より深く知っておくにこしたことはない。会社がどのように発展してきたのか，主としている事業はどのようなものがあるのか，従業員数や平均年齢はどれくらいなのか，志望動機などを作成する際に役立ててほしい。

03 事業の状況の注目ポイント

　第2となる【事業の状況】において，最重要となるのは**業績等の概要**といえる。ここでは1年間における収益の増減の理由が文章で記載されている。「○○という商品が好調に推移したため，売上高は△△になりました」といった情報が，比較的易しい文章で書かれている。もちろん，損失が出た場合に関しても包み隠さず記載してあるので，その会社の1年間の動向を知るための格好の資料となる。

　また，業績については各事業ごとに細かく別れて記載してある。例えば鉄道会社ならば，①運輸業，②駅スペース活用事業，③ショッピング・オフィス事業，④その他といった具合だ。**どのサービス・商品がどの程度の売上を出したのか**，会社の持つ展望として，今後**どの事業をより活性化**していくつもりなのか，などを意識しながら読み進めるとよいだろう。

■「対処すべき課題」と「事業等のリスク」

　業績等の概要と同様に重要となるのが，「**対処すべき課題**」と「**事業等のリスク**」の2項目といえる。ここで読み解きたいのは，その会社の**今後の伸びしろ**について。いま，会社はどのような状況にあって，どのような課題を抱えているのか。また，その課題に対して取られている対策の具体的な内容などから経営方針などを読み解くことができる。リスクに関しては法改正や安全面，他の企業の参入状況など，会社にとって決してプラスとは言えない情報もつつみ隠さず記載してある。客観的にその会社を再評価する意味でも，ぜひ目を通していただきたい。

　次代を担う就活生にとって，ここの情報はアピールポイントとして組み立てやすい。「新事業の○○の発展に際して……」，「御社が抱える●●というリスクに対して……」などという発言を面接時にできれば，面接官の心証も変わってくるはずだ。

　最後に注目したいのが，第5【経理の状況】だ。ここでは，簡単にいえば【主要な経営指標等の推移】の表をより細分化した表が多く記載されている。ここの情報をすべて理解するのは，簿記の知識がないと難しい。しかし，そういった知識があまりなくても，読み解ける情報は数多くある。例えば**損益計算書**などがそれに当たる。

連結損益計算書

(単位：百万円)

	前連結会計年度 (自 平成26年4月1日 至 平成27年3月31日)	当連結会計年度 (自 平成27年4月1日 至 平成28年3月31日)
営業収益	2,756,165	2,867,199
営業費		
運輸業等営業費及び売上原価	1,806,181	1,841,025
販売費及び一般管理費	※1 522,462	※1 538,352
営業費合計	2,328,643	2,379,378
営業利益	427,521	487,821
営業外収益		
受取利息	152	214
受取配当金	3,602	3,703
物品売却益	1,438	998
受取保険金及び配当金	8,203	10,067
持分法による投資利益	3,134	2,565
雑収入	4,326	4,067
営業外収益合計	20,858	21,616
営業外費用		
支払利息	81,961	76,332
物品売却損	350	294
雑支出	4,090	3,908
営業外費用合計	86,403	80,535
経常利益	361,977	428,902
特別利益		
固定資産売却益	※4 1,211	※4 838
工事負担金等受入額	※5 59,205	※5 24,487
投資有価証券売却益	1,269	4,473
その他	5,016	6,921
特別利益合計	66,703	36,721
特別損失		
固定資産売却損	※6 2,088	※6 1,102
固定資産除却損	※7 3,957	※7 5,105
工事負担金等圧縮額	※8 54,253	※8 18,346
減損損失	※9 12,738	※9 12,297
耐震補強重点対策関連費用	8,906	10,288
災害損失引当金繰入額	1,306	25,085
その他	30,128	8,537
特別損失合計	113,379	80,763
税金等調整前当期純利益	315,300	384,860
法人税、住民税及び事業税	107,540	128,972
法人税等調整額	26,202	9,326
法人税等合計	133,742	138,298
当期純利益	181,558	246,561
非支配株主に帰属する当期純利益	1,160	1,251
親会社株主に帰属する当期純利益	180,397	245,309

　主要な経営指標等の推移で記載されていた**経常利益**の算出する上で必要な営業外収益などについて，詳細に記載されているので，一度目を通しておこう。
　いよいよ次ページからは実際の有報が記載されている。ここで得た情報をもとに有報を確実に読み解き，就職活動を有利に進めよう。

✔ 有価証券報告書

※抜粋

企業の概況

1 主要な経営指標等の推移

(1) 連結経営指標等

回次		第116期	第117期	第118期	第119期	第120期
決算年月		2019年3月	2020年3月	2021年3月	2022年3月	2023年3月
売上高	(百万円)	2,481,109	2,550,305	2,493,386	3,109,106	3,981,578
経常利益	(百万円)	277,074	269,025	240,248	327,496	366,245
親会社株主に帰属する当期純利益	(百万円)	189,048	170,731	156,249	217,709	257,754
包括利益	(百万円)	169,829	73,322	284,851	366,141	354,228
純資産額	(百万円)	1,446,849	1,462,591	1,697,534	2,007,149	2,279,095
総資産額	(百万円)	2,700,890	2,667,512	3,238,702	3,823,038	4,303,682
1株当たり純資産額	(円)	4,841.15	4,904.46	5,688.57	6,726.45	7,635.27
1株当たり当期純利益金額	(円)	646.39	583.61	533.97	743.88	880.59
潜在株式調整後1株当たり当期純利益金額	(円)	645.95	583.22	533.66	743.46	880.05
自己資本比率	(%)	52.4	53.8	51.4	51.5	51.9
自己資本利益率	(%)	13.9	12.0	10.1	12.0	12.3
株価収益率	(倍)	20.1	22.6	41.8	30.1	26.9
営業活動によるキャッシュ・フロー	(百万円)	250,009	302,166	374,691	245,071	158,896
投資活動によるキャッシュ・フロー	(百万円)	△165,773	△156,187	△159,666	△180,789	△229,793
財務活動によるキャッシュ・フロー	(百万円)	△68,721	△169,933	98,942	△48,698	△113,088
現金及び現金同等物の期末残高	(百万円)	367,189	321,151	662,267	717,802	548,242
従業員数〔外、平均臨時雇用人員〕	(人)	76,484 〔9,988〕	80,369 〔9,588〕	84,870 〔8,232〕	88,698 〔8,778〕	96,337 〔10,790〕

(注) 1 「収益認識に関する会計基準」（企業会計基準第29号2020年3月31日）等を第119期の期首から適用しており，第119期以降に係る主要な経営指標等については，当該会計基準等を適用した後の指標等となっております。

2 「IFRS解釈指針委員会アジェンダ決定（クラウド・コンピューティング契約におけるコンフィギュレーション又はカスタマイズのコスト）IAS第38号」を当連結会計年度より適用しており，第118期及び第119期の主要な経営指標等については，当該会計基準を遡って適用した後の指標等となっております。

---

point 主要な経営指標等の推移

数年分の経営指標の推移がコンパクトにまとめられている。見るべき箇所は連結の売上，利益，株主資本比率の3つ。売上と利益は順調に右肩上がりに伸びているか，逆に利益で赤字が続いていたりしないかをチェックする。株主資本比率が高いとリーマンショックなど景気が悪化したときなどでも経営が傾かないという安心感がある。

(2) 提出会社の経営指標等 ···

回次		第116期	第117期	第118期	第119期	第120期
決算年月		2019年3月	2020年3月	2021年3月	2022年3月	2023年3月
売上高	(百万円)	570,180	588,263	563,243	681,899	763,994
経常利益	(百万円)	141,634	153,255	100,673	170,705	146,822
当期純利益	(百万円)	123,870	142,518	87,720	153,800	142,775
資本金	(百万円)	85,032	85,032	85,032	85,032	85,032
発行済株式総数	(千株)	293,113	293,113	293,113	293,113	293,113
純資産額	(百万円)	777,493	843,497	924,161	1,021,203	1,094,842
総資産額	(百万円)	1,430,855	1,420,493	1,683,011	1,814,520	1,728,916
1株当たり純資産額	(円)	2,652.10	2,876.43	3,151.01	3,480.34	3,729.47
1株当たり配当額 (内1株当たり 中間配当額)	(円)	160 (70)	160 (80)	160 (80)	200 (90)	240 (100)
1株当たり当期純利益金額	(円)	423.53	487.16	299.77	525.51	487.77
潜在株式調整後1株当たり当期純利益金額	(円)	423.24	486.84	299.60	525.20	487.47
自己資本比率	(%)	54.2	59.2	54.8	56.1	63.1
自己資本利益率	(%)	16.7	17.6	9.9	15.8	13.5
株価収益率	(倍)	30.6	27.0	74.5	42.6	48.5
配当性向	(%)	37.8	32.8	53.4	38.1	49.2
従業員数 〔外、平均臨時雇用人員〕	(人)	7,254 〔1,014〕	7,499 〔992〕	7,732 〔929〕	7,652 〔1,030〕	7,618 〔1,137〕
株主総利回り (比較指標：日経225)	(%) (%)	111.9 (98.8)	115.0 (88.2)	194.3 (136.0)	196.8 (129.7)	209.4 (130.7)
最高株価	(円)	15,670	16,535	24,440	29,595	26,105
最低株価	(円)	10,900	11,310	12,515	19,140	18,850

(注) 1　最高株価及び最低株価は，2022年4月3日以前は東京証券取引所市場第一部によるものであり，2022年4月4日以降は東京証券取引所プライム市場におけるものであります。

2　「収益認識に関する会計基準」（企業会計基準第29号 2020年3月31日）等を第119期の期首から適用しており，第119期以降に係る主要な経営指標等については，当該会計基準等を適用した後の指標等となっております。

年月	沿革
1924年10月	・合資会社大阪金属工業所創立，航空機用部品等の生産開始
1934年2月	・大阪金属工業株式会社設立，内燃機関・精密機械・航空機用部品等の生産開始
1935年2月	・合資会社大阪金属工業所を吸収合併
1937年2月	・堺製作所新設（冷凍機・注油器等を生産）
1938年2月	・フルオロカーボンガスの生産開始
1941年2月	・淀川製作所新設（航空機用部品等を生産）
1949年5月	・大阪証券取引所に上場
1953年7月	・三フッ化樹脂を開発し発売，四フッ化樹脂製品シリーズの開発へ本格的取組み開始
1957年6月	・東京証券取引所に上場
1963年2月	・堺製作所金岡工場新設（パッケージエアコン・ルームエアコンの製造工場として稼動）
1963年10月	・社名を「ダイキン工業株式会社」に変更
1969年9月	・空調・冷凍・冷蔵機器の販売・工事施工子会社「ダイキンプラント株式会社（現 株式会社ダイキンアプライドシステムズ）」を設立
1970年11月	・滋賀製作所新設（ルームエアコンの本格的量産を開始）
1972年3月	・ベルギー王国にヨーロッパの製造・販売拠点として「ダイキン ヨーロッパ エヌ ブイ」を設立
1972年11月	・東京・大阪に空調機器販売会社を各1社設立，その後各地に同様子会社を設立
1978年9月	・堺製作所臨海工場新設（コンプレッサーの製造工場として稼動）
1982年11月	・コンピュータ・グラフィックス分野に進出（COMTEC シリーズを発売）
1983年4月	・鹿島工場新設（フルオロカーボンガス・フッ素樹脂の製造工場として稼動）
1984年8月	・極低温・超真空分野に進出（超真空用ポンプ「クライオキャプチャー」を発売）
1990年2月	・タイ王国に空調機器の生産子会社として「ダイキン インダストリーズ（タイランド）リミテッド」を設立
1991年1月	・アメリカ合衆国にフッ素化学製品の製造販売子会社として「ダイキン アメリカ インク」を設立
1995年11月	・中華人民共和国に空調機器の製造販売子会社として「上海大金協昌空調有限公司（現 大金空調（上海）有限公司）」を上海協昌ミシン総公司との合弁で設立

point 沿革

どのように創業したかという経緯から現在までの会社の歴史を年表で知ることができる。過去に行った重要な M&A などがいつ行われたのか，ブランド名はいつから使われているのか，いつ頃から海外進出を始めたのか，など確認することができて便利だ。

1996年8月	・中華人民共和国に空調機器用圧縮機の製造販売子会社として「西安大金慶安圧縮機有限公司 (現 大金機電設備 (西安) 有限公司)」を慶安集団有限公司との合弁で設立
1999年11月	・松下電器産業株式会社 (現 パナソニック株式会社) との間で，空調事業における生産，開発，部材調達，リサイクル等に関する包括的提携を行うための基本合意を締結
2000年4月	・研究部門と間接部門 (人事・総務，経理) を分社化し，子会社5社を設立
2001年4月	・中華人民共和国にフッ素化学製品の製造販売子会社として「大金フッ素化学 (中国) 有限公司」を設立
2001年9月	・中華人民共和国における生産販売拠点を統括する機能を有した統括会社「大金 (中国) 投資有限公司」を設立
2001年10月	・ザウアーダンフォス インク (現 ダンフォス パワー ソリューションズ インク) と建機油圧事業分野において，製造合弁会社「ダイキン・ザウアーダンフォス・マニュファクチャリング株式会社 (現 ダイキン・ザウアーダンフォス株式会社)」及び販売合弁会社「ザウアーダンフォス・ダイキン株式会社」を設立
2001年11月	・アメリカン スタンダード カンパニーズ インクの空調事業会社であるトレーン カンパニーと空調製品の相互供給を含む空調事業における包括的グローバル戦略提携に合意
2005年11月	・アメリカ合衆国に販売会社ダイキン エアコンディショニング アメリカズ インク (旧ダイキンユーエス コーポレーションより社名変更) の持株会社として「ダイキン ホールディングス (ユーエスエー) インク」を設立
2007年1月	・マレーシア国に本社を置き，空調・冷凍機事業を展開するOYL インダストリーズ バハッドの全株式を取得し，子会社化
2008年2月	・OYL インダストリーズ バハッドの清算分配により，同社の子会社であるOYL マニュファクチュアリング カンパニー センディリアン バハッド (現 ダイキン マレーシア センディリアン バハッド) 株式と，AAF マッケイ グループ インク (現 ダイキン ホールディングス アメリカ インク) 株式を直接保有
2008年10月	・ダイキン ヨーロッパ エヌ ブイ (当社100%子会社) が，ドイツ連邦共和国に本社を置き，空調・冷凍機事業を展開するロテックス ヒーティングシステムズ ゲーエムベーハー (現 ダイキン マニュファクチャリング ジャーマニー ゲーエムベーハー) の全株式を取得し，子会社化
2009年2月	・珠海格力電器股份有限公司との間で，空調機用基幹部品の製造・販売に関する合弁契約及び金型の製造・販売に関する合弁契約を締結
2011年7月	・ダイキン ヨーロッパ エヌ ブイ (当社100%子会社) が，トルコ共和国の空調機メーカー エアフェル ウストゥマ ヴェ ソートゥマ システムレリ サナイ ティジャレット アーシェ (現 ダイキンウストゥマ ヴェ ソートゥマ システムレリ サナイ ティジャレット アーシェ) の全株式を取得し，子会社化

2011 年 12 月	・中華人民共和国に空調機器の製造販売子会社として「大金空調（蘇州）有限公司」を設立
2012 年 11 月	・アメリカ合衆国に本社を置き，北米住宅用空調分野でトップシェアの空調メーカーであるグッドマン グローバル グループ インクを子会社化
2015 年 11 月	・淀川製作所内に技術開発拠点「テクノロジー・イノベーションセンター」を開設
2016 年 4 月	・アメリカン エアフィルター カンパニー インク（当社100%子会社）がアメリカ合衆国でトップシェアのエアフィルタメーカーであるフランダース ホールディングス エルエルシーの全出資持分を取得し，子会社化
2019 年 2 月	・ダイキン ヨーロッパ エヌ ブイ（当社100%子会社）が欧州の商業用冷凍・冷蔵ショーケースの製造販売会社であるAHT クーリングシステムズ ゲーエム ベーハーを保有するクール インターナショナル ホールディング ゲーエム ベーハーの全出資持分を取得し，子会社化

3 事業の内容

　当企業集団（当社及び当社の関係会社）が営んでいる主な事業は，空調・冷凍機，化学，油機及び特機製品の製造（工事施工を含む），販売であり，連結財務諸表提出会社（以下「当社」という）はそれら全事業の製造，販売を行っております。関係会社は各社が，空調・冷凍機，化学，油機及び特機製品の製造，販売の一部を行っており，その事業概要は次のとおりであります。

（1）　空調・冷凍機事業 ………………………………………………………………

イ　主な製品名

住宅用機器：ルームエアコン，空気清浄機，ヒートポンプ式給湯機，遠赤外線暖房機，ヒートポンプ式温水床暖房

業務用機器：パッケージエアコン，スポットエアコン，空気清浄機，脱臭機，遠赤外線暖房機，全熱交換器，換気扇，ウォーターチリングユニット，アンモニアブラインチリングユニット，ターボ冷凍機，スクリュー冷凍機，ファンコイルユニット，エアハンドリングユニット，ルーフトップ，低温用エアコン，フリーザー，冷凍・冷蔵ショーケース，エアフィルタ，工業用集塵装置

舶用機器　：海上コンテナ冷凍装置，舶用エアコン，舶用冷凍機

---

point **事業の内容**

　会社の事業がどのようにセグメント分けされているか，そして各セグメントではどのようなビジネスを行っているかなどの説明がある。また最後に事業の系統図が載せてあり，本社，取引先，国内外子会社の製品・サービスや部品の流れが分かる。ただセグメントが多いコングロマリットをすぐに理解するのは簡単ではない。

ロ　会社名

① 国内関係会社

［連結子会社］

　(株) ダイキンアプライドシステムズ，ダイキンエアテクノ (株)

　ダイキンHVACソリューション東京 (株) ほか販売会社10社，

　オーケー器材 (株)，ダイキンレクザムエレクトロニクス (株)，

　ダイキントレーディング (株)，日本無機 (株) ほか9社

［持分法適用会社］

　モリタニ・ダイキン (株) ほか4社

② **海外関係会社**

［連結子会社］

　大金 (中国) 投資有限公司，大金空調 (上海) 有限公司，

　大金空調 (蘇州) 有限公司，大金機電設備 (蘇州) 有限公司，

　深圳麦克維尓空調有限公司，麦克維尓空調制冷 (武漢) 有限公司

　麦克維尓中央空調有限公司，

　ダイキン インダストリーズ (タイランド) リミテッド，

　サイアム ダイキン セールス カンパニー リミテッド，

　ダイキン コンプレッサー インダストリーズ リミテッド，

　ダイキン エアコンディショニング (シンガポール) ピーティーイー リミテッド，

　ダイキン マレーシア センディリアン バハッド，

　ダイキン マレーシア セールス アンド サービス センディリアン バハッド，

　ピーティー ダイキン エアコンディショニング インドネシア，

　ダイキン エアコンディショニング インディア プライベート リミテッド，

　ダイキン オーストラリア プロプライアットリー リミテッド，

　ダイキン エア コンディショニング (ベトナム) ジョイント ストック カンパニー，

　ダイキン ヨーロッパ エヌ ブイ，

　AHT クーリングシステムズ ゲーエムベーハー，

　ダイキン インダストリーズ チェコ リパブリック エスアールオー，

　ダイキン エアコンディショニング フランス エスエイエス，

(point) **エアコンは国内外で厳しい価格競争に**

　性能面では専業メーカーとして高い技術力を持つが，価格に厳しい消費者はランニングコストと同時に製品の価格も重視する。特に新興国では国内より価格競争が激しい。日系メーカーだけでなく，海外メーカーとも競合する。また海外では，地域によってエアコンの方式が違う場合もあり，地域特性に合わせた製品投入が必要だ。

ダイキン エアコンディショニング イタリア エスピーエイ，

ダイキン アプライド ヨーロッパ エスピーエイ，

ダイキン ウストゥマ ヴェ ソートゥマ システムレリ サナイ ティジャレット アーシェ，

ダイキン アプライド アメリカズ インク，

アメリカン エアフィルター カンパニー インク，

ダイキン コンフォート テクノロジーズ ノース アメリカ インクほか253社

[持分法適用会社]

　珠海格力大金機電設備有限公司ほか6社

（2）　化学事業 ……………………………………………………………………

イ　主な製品名

フルオロカーボンガス：冷媒

フッ素樹脂　　　　：四フッ化エチレン樹脂，溶融タイプ樹脂，フッ素ゴム，
　　　　　　　　　　フッ素塗料，フッ素コーティング剤

化成品　　　　　　：半導体用エッチング剤，撥水撥油剤，離型剤，界面活
　　　　　　　　　　性剤，フッ化カーボン，フッ素オイル，医農薬中間体

ロ　会社名

① 国内関係会社

[連結子会社]

　東邦化成（株）

② 海外関係会社

[連結子会社]

大金フッ素化学（中国）有限公司，

大金新材料（常熟）有限公司，

ダイキン ケミカル ヨーロッパ ゲーエムベーハー，

ダイキン アメリカ インクほか15社

[持分法適用会社]

台塑大金精密化学股份有限公司ほか1社

(point) **省エネ意識の高まりが追い風に**

世界的な電力料金上昇を背景とする省エネ空調機の需要拡大から，インバーター技術で優位にある日系メーカーのシェア上昇が期待できる。電気料金が安い米国においても，地球温暖化対策として環境・省エネ規制が強化される方向にある。地球温暖化抑制のための冷媒規制も強化されており，新冷媒R32で先行するダイキンは有利だ。

(3) その他事業 ・・

イ　主な製品名

(油機関連) 産業機械用油圧機器・装置：各種ポンプ，各種バルブ，油圧装置，
　　　　　　　　　　　　　　　　　油冷却装置，インバータ制御ポンプ・
　　　　　　　　　　　　　　　　　モータ

　　　　　　建機・車両用油圧機器　：油圧トランスミッション，各種バルブ

　　　　　　集中潤滑機器・装置　　：各種グリースポンプ，各種分配弁

(特機関連) 防衛省向け砲弾・誘導弾用部品・航空機部品, 在宅酸素医療用機器,
　　　　　ヘルスケア用機器

(電子システム関連)

　　　　　　設計開発分野向けプロセス改善・ナレッジ共有システム，設備設計
　　　　　　CAD/BIM システム，分子シミュレーションソフト / インフォマティ
　　　　　　クス，CG/ コンテンツ制作ソフト等の IT 製品・ソリューション

ロ　会社名

① 国内関係会社

　［連結子会社］

　　ダイキン・ザウアーダンフォス（株），

　　ダイキン油機エンジニアリング（株）ほか１社

② 海外関係会社

　［連結子会社］

　　デュプロマティック エムエス エスピーエイ ほか 17 社

　［持分法適用会社］

　　デュプロマティック ミドルイースト エレクトロメカニカル エキップメント
　　インストレーション アンド メンテナンス エルエルシー ほか１社

　　上記の，当企業集団の事業を概要図で示すと次頁のとおりであります。

　上記の，当企業集団の事業を概要図で示すと次頁のとおりであります。

企業集団の概要図

（当企業集団の概要図）

　当企業集団の主要な事業内容と連結子会社347社（国内30社，海外317社）及び持分法適用会社16社（国内5社，海外11社）の概要図は次のとおりであります。

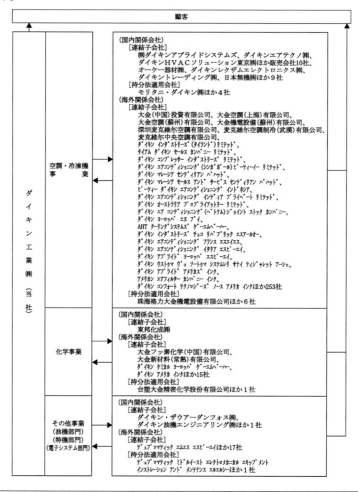

名称	住所	資本金	主要な事業の内容	議決権の所有割合(%)	役員の兼任等 当社役員(人)	当社従業員(人)	資金援助	営業上の取引	設備の賃貸借
（連結子会社）									
㈱ダイキンアプライド システムズ	東京都港区	300百万円	空調・冷凍機事業	100.0	—	1	無	当社空調機器の販売	建物を賃貸
ダイキンHVACソリューション東京㈱ (注)2	東京都渋谷区	330百万円	〃	100.0	1	3	〃	〃	建物を賃貸借
ダイキンHVACソリューション近畿㈱	大阪市浪速区	290百万円	〃	100.0	1	1	〃	〃	建物を賃貸
ダイキンHVACソリューション東海㈱	名古屋市東区	170百万円	〃	100.0	1	2	〃	〃	建物を賃貸借
ダイキン・コンシューマ・マーケティング㈱ (注)2	東京都江東区	350百万円	〃	100.0	1	—	〃	〃	建物を賃貸
ダイキンエアテクノ㈱	東京都墨田区	275百万円	〃	100.0	1	—	〃	当社空調機器の販売・当社製品のサービス及びメンテナンス	〃
オーケー器材㈱	大阪市都島区	50百万円	〃	100.0	—	2	〃	当社空調機器用付属品の仕入	〃
ダイキントレーディング㈱	堺市北区	50百万円	〃	100.0	—	3	有	当社空調機器用部品の仕入・販売	〃
東邦化成㈱	奈良県大和郡山市	66百万円	化学事業	100.0	—	2	無	当社フッ素樹脂の販売	無
ダイキン・ザウアーダンフオス㈱	大阪府摂津市	400百万円	その他事業	55.0	—	3	〃	当社油圧機器の仕入・販売	建物を賃貸
ダイキン油機エンジニアリング㈱	〃	30百万円	〃	100.0	1	—	〃	〃	〃
ダイキン ヨーロッパ エヌ ブイ (注)2	ベルギー王国オステンド市	155,065千ユーロ	空調・冷凍機事業	100.0	1	6	〃	当社空調機器の仕入・販売	無
ダイキン ヨーロッパ コーディネーション センター エヌ ブイ (注)2	〃	166,500千ユーロ	〃	100.0(100.0)	1	2	〃	無	〃
ダイキン エアコンディショニング フランス エスエイエス	フランス共和国ナンテール市	1,524千ユーロ	〃	100.0(100.0)	1	4	〃	〃	〃
フランダース ホールディングス エルエルシー (注)2	アメリカ合衆国ノースカロライナ州	76,535千米ドル	〃	100.0(100.0)	1	4	〃	〃	〃
ダイキン インダストリーズ チェコ リパブリック エスアールオー (注)2	チェコ共和国ピルゼン市	1,860百万チェココルナ	〃	100.0(100.0)	1	4	〃	〃	〃
ダイキン エアコンディショニング イタリア エスピーエイ	イタリア共和国ミラノ県	10,000千ユーロ	〃	100.0(100.0)	1	4	〃	〃	〃
AHT クーリング システムズ ゲーエムベーハー	オーストリア共和国ロッテンマン市	8,000千ユーロ	〃	100.0(100.0)	1	3	〃	当社冷凍機器の仕入	〃
ダイキン ミドルイースト アンド アフリカ エフゼットイー	アラブ首長国連邦ドバイ市	35,000千UAEディルハム	〃	100.0(100.0)	1	4	〃	無	〃

（point） **関係会社の状況**

主に子会社のリストであり，事業内容や親会社との関係についての説明がされている。特に製造業の場合などは子会社の数が多く，すべてを把握することは難しいが，重要な役割を担っている子会社も多くある。有報の他の項目では一度も触れられていない場合が多いので，気になる会社については個別に調べておくことが望ましい。

名称	住所	資本金	主要な事業の内容	議決権の所有割合(%)	関係内容				
					役員の兼任等		資金援助	営業上の取引	設備の賃貸借
					当社役員(人)	当社従業員(人)			
ダイキン ウストゥマ ヴェ ソートゥマ システムレリ サナイ ティジャレット アーシェ （注）2	トルコ共和国 イスタンブル市	1,100百万 トルコリラ	空調・冷凍機事業	100.0 (100.0)	1	4	無	無	無
ダイキン オーストラリア プロプライアットリー リミテッド	オーストラリア連邦 ニューサウスウェールズ州	10,000千 オーストラリアドル	〃	100.0	1	2	〃	当社空調機器の販売	〃
ダイキン エアコンディショニング（シンガポール）ピーティーイー リミテッド	シンガポール共和国 シンガポール市	4,000千 シンガポールドル	〃	100.0	—	2	〃	〃	〃
大金空調(上海)有限公司 (注) 2	中華人民共和国 上海市	82,600千 米ドル	〃	87.4 (10.8)	1	6	〃	当社空調機器用部品の仕入・当社空調機器の販売	〃
大金機電設備(蘇州)有限公司 （注）2	中華人民共和国 蘇州市	1,650百万 人民元	〃	100.0 (100.0)	—	6	〃	当社空調機器用部品の仕入・販売	〃
大金電器機械(蘇州)有限公司	〃	20,800千 米ドル	〃	100.0 (100.0)	—	6	〃	当社空調機器用部品の仕入	〃
大金空調(蘇州)有限公司 (注) 2	〃	1,200百万 人民元	〃	100.0 (100.0)	—	7	〃	当社空調機器・空調機器用部品の仕入	〃
ダイキン インダストリーズ（タイランド）リミテッド （注）2	タイ王国 チョンブリ県	1,300百万 タイバーツ	〃	100.0	—	7	〃	当社空調機器の仕入・当社空調機器用部品の販売	〃
ダイキン コンプレッサー インダストリーズ リミテッド （注）2	タイ王国 ラヨン県	3,300百万 タイバーツ	〃	100.0	—	4	〃	当社空調圧縮機用部品の仕入	〃
サイアム ダイキン セールス カンパニー リミテッド	タイ王国 バンコック市	40百万 タイバーツ	〃	71.1 (27.1)	—	5	〃	当社空調機器の販売	〃
ダイキン エア コンディショニング（ベトナム）ジョイント ストック カンパニー （注）2	ベトナム社会主義共和国 ホーチミン市	2,680,000百万 ベトナムドン	〃	100.0 (31.3)	—	5	〃	〃	〃
ピーティー ダイキン エア コンディショニング インドネシア	インドネシア共和国 ジャカルタ市	20,000千 米ドル	〃	60.0	—	2	〃	〃	〃
ダイキン エアコンディショニング インディア プライベート リミテッド （注）2	インド共和国 ニューデリー市	13,029百万 インドルピー	〃	100.0	2	3	〃	〃	〃
ダイキン デバイス チェコ リパブリック エスアールオー （注）2	チェコ共和国 ブルノ市	2,128百万 チェココルナ	〃	100.0 (100.0)	—	4	〃	無	〃
大金(中国)投資 有限公司 （注）2	中華人民共和国 北京市	242,025千 米ドル	〃	100.0	1	3	〃	〃	〃
ダイキン アプライド アメリカズ インク	アメリカ合衆国 ミネソタ州	250千 米ドル	〃	100.0 (100.0)	2	1	有	当社空調機器用部品の仕入	〃
アメリカン エアフィルター カンパニー インク	アメリカ合衆国 ケンタッキー州	—	〃	100.0 (100.0)	1	2	〃	無	〃
ダイキン アプライド ヨーロッパ エスピーエイ	イタリア共和国 ローマ県	1,047千 ユーロ	〃	100.0 (100.0)	—	1	無	〃	〃

(point) **中国事業は合弁会社の大金中国が管轄**

中国での空調事業売上は，大金中国が管轄している通常空調製品が8割程度だ。その大金中国の売上の内訳は，業務用エアコンが6割程度，住宅用マルチが2, 3割程度だ。ちなみに，住宅用マルチとは，一台の室外機で複数台の室内機を制御できるシステムであり，販売先としては高級マンションなどの住宅向けとなっている。

| 名称 | 住所 | 資本金 | 主要な事業の内容 | 議決権の所有割合(%) | 関係内容 | | | | |
| | | | | | 役員の兼任等 | | 資金援助 | 営業上の取引 | 設備の賃貸借 |
					当社役員(人)	当社従業員(人)			
ダイキン マレーシア センディリアン バハッド	マレーシア国セランゴール州	276,254千マレーシアリンギット	空調・冷凍機事業	100.0	—	4	無	当社空調機器の販売	無
深圳麦克維尔空調有限公司	中華人民共和国深圳市	33,000千米ドル	〃	100.0	1	3	〃	無	〃
麦克維尔空調制冷(武漢)有限公司	中華人民共和国武漢市	33,000千米ドル	〃	100.0	1	4	〃	当社空調機器用部品の仕入	〃
麦克維尔中央空調有限公司	中華人民共和国上海市	50百万人民元	〃	100.0	1	5	〃	無	〃
ダイキン マレーシア セールス アンド サービス センディリアン バハッド	マレーシア国セランゴール州	2,000千マレーシアリンギット	〃	100.0 (100.0)	—	1	〃	当社空調機器の販売	〃
ダイキン ホールディングス アメリカ インク (注)2	アメリカ合衆国ケンタッキー州	10米ドル	〃	100.0	—	2	〃	無	〃
ダイキン コンフォート テクノロジーズ ノース アメリカ インク (注)2、4	アメリカ合衆国テキサス州	—	〃	100.0 (100.0)	1	3	有	当社空調機器及び空調機器用部品の販売	〃
ダイキン マニュファクチャリング メキシコ エス デ アールエル デ シーブイ (注)2	メキシコ合衆国サンルイスポトシ市	1,325百万メキシコペソ	〃	100.0 (100.0)	—	—	無	無	〃
ダイキン エアコンディショニング ブラジル エルティーディーエイ (注)2	ブラジル連邦共和国サンパウロ州	958,380千ブラジルレアル	〃	100.0	—	—	〃	当社空調機器の販売	〃
ダイキン アメリカ インク (注)2	アメリカ合衆国ニューヨーク州	85,000千米ドル	化学事業	100.0	—	4	〃	当社フッ素樹脂の仕入・販売	〃
大金フッ素化学(中国)有限公司 (注)2	中華人民共和国常熟市	161,240千米ドル	〃	96.0 (18.6)	—	5	〃	〃	〃
ダイキン ケミカル ヨーロッパ ゲーエム ベーハー	ドイツ連邦共和国デュッセルドルフ市	500千ユーロ	〃	100.0	—	3	〃	〃	〃
大金新材料(常熟)有限公司 (注)2	中華人民共和国常熟市	1,500百万人民元	〃	100.0 (60.0)	—	4	〃	〃	〃
その他297社									
(持分法適用関連会社)									
珠海格力大金機電股備有限公司	中華人民共和国珠海市	81,288千米ドル	空調・冷凍機事業	49.0	1	1	無	無	無
その他15社									

(注) 1 「主要な事業の内容」欄には，セグメント情報に記載された名称を記載しております。

2 特定子会社に該当します。

3 上記子会社のうち，有価証券届出書又は有価証券報告書を提出している会社はありません。

4 ダイキンコンフォートテクノロジーズノースアメリカインクについては，売上高(連結会社相互間の内部売上高を除く)の連結売上高に占める割合が10%を超えております。

　主要な損益情報等　①　売上高　　　　925,819百万円

　　　　　　　　　　②　経常利益　　　　45,886　〃

 2000年以降にグローバル化が急速に進行

2000年頃の海外売上高比率は30%に満たなかったが，その後は欧州市場の急成長により50%を超えた。2008/3期にOYLを買収すると同時に中国市場が急成長を開始。2014年には米Goodman社を買収，グローバル企業へと変化を遂げた。2007-2008年には売上高が1兆円，営業利益は1,000億円を超えた。

③ 当期純利益　29,420　〃
④ 純資産額　337,880　〃
⑤ 総資産額　923,178　〃

5　議決権の所有割合の（　）内は，間接所有割合で内数で示しております。

5　従業員の状況

（1）　連結会社の状況

2023年3月31日現在

セグメントの名称	従業員数(人)
空調・冷凍機事業	89,633 (10,182)
化学事業	3,969 (352)
その他事業	1,779 (192)
全社(共通)	956 (64)
合計	96,337 (10,790)

(注)　1　従業員数は就業人員であり，臨時従業員数は（　）内に年間の平均人員を外数で記載しております。
　　　2　臨時従業員には，有期間工，パートタイマー及び嘱託契約の従業員を含み，派遣社員を除いております。

（2）　提出会社の状況

2023年3月31日現在

従業員数(人)	平均年齢(歳)	平均勤続年数(年)	平均年間給与(円)
7,618 (1,137)	38.0	14.0	7,480,178

セグメントの名称	従業員数(人)
空調・冷凍機事業	5,198 (777)
化学事業	1,165 (208)
その他事業	525 (90)
全社(共通)	730 (62)
合計	7,618 (1,137)

(注)　1　従業員数は就業人員であり，臨時従業員数は（　）内に年間の平均人員を外数で記載しております。
　　　2　臨時従業員には，有期間工，パートタイマー及び嘱託契約の従業員を含み，派遣社員を除いております。

---

point　従業員の状況

　主力セグメントや，これまで会社を支えてきたセグメントの人数が多い傾向があるのは当然のことだろう。上場している大企業であれば平均年齢は40歳前後だ。また労働組合の状況にページが割かれている場合がある。その情報を載せている背景として，労働組合の力が強く，人数を削減しにくい企業体質だということを意味している。

（3） 労働組合の状況 ……………………………………………………………

　提出会社の従業員（関係会社への出向を含み，基幹職，労務担当者及び特殊な職にあるものを除く）で単一組合を結成し（組合員8,082人），上部団体としてJAMに加入しております。なお，現在，労使間に係争事項はありません。

事業の状況

1 経営方針，経営環境及び対処すべき課題等

　文中の将来に関する事項は，当連結会計年度末現在において，当社グループが判断したものであります。

(1) 会社の経営の基本方針 ……………………………………………………

　当社は，経営の基本となる考え方を示す「グループ経営理念」の下に，高品質の商品，素材，サービスを通じ，お客様に最高の利便性と快適性を提供し続ける企業として，技術基盤の向上に挑戦するとともに，資本の論理の経営を徹底し，企業価値の最大化を目指します。また，高い倫理性と公正な競争をベースとしたフェアな企業活動，タイムリーで適切な情報開示と説明責任の遂行，地球環境への積極的対応，地域社会への積極的貢献などを，グループ共通の行動指針とし徹底して実行するとともに，グループ内での情報の共有化の徹底や時々の課題解決に最適な柔構造の組織運営の徹底など，当社の良き伝統である「フラット＆スピードの経営」の一層の高度化を図り，グループ全体の収益力向上，事業拡大に全力を尽くしてまいります。

(2) 目標とする経営指標 ……………………………………………………

　企業価値の最大化を経営の最重要課題のひとつとして位置づけ，FCF（フリーキャッシュフロー），ROIC（投下資本利益率），ROA（総資本利益率），ROE（株主資本利益率）など「率の経営」指標を経営管理の重要指標として，積極的な事業展開と経営体質の強化を推進しております。特に企業価値の源泉であり，同時に全ての管理指標を向上させる総合指標としてFCFを最重視し，収益の増加，投資効率向上策にあわせて，売上債権及び在庫の徹底圧縮など運転資本面からもキャッシュフローを創出すべく取り組んでまいります。

(3) 中期的な会社の経営戦略 …………………………………………………

　当社グループでは，2021年に，2025年度を目標年度とする戦略経営計画「FUSION25」を策定しました。環境・社会課題の解決に貢献しながら事業を拡

(point) 業績等の概要

　この項目では今期の売上や営業利益などの業績がどうだったのか，収益が伸びたあるいは減少した理由は何か，そして伸ばすためにどんなことを行ったかということがセグメントごとに分かる。現在，会社がどのようなビジネスを行っているのか最も分かりやすい箇所だと言える。

大し，成長・発展し続けることを目指し，重点戦略9テーマを掲げました。成長戦略3テーマとして「カーボンニュートラルへの挑戦」「顧客とつながるソリューション事業の推進」「空気価値の創造」，既存事業強化テーマとして「北米空調事業」を設定すると同時に，経営基盤の強化に向けては「技術開発力の強化」「強靭なサプライチェーンの構築」「変革を支えるデジタル化の推進」「市場価値形成・アドボカシー活動の強化」「ダイバーシティマネジメントの深化による人材力の強化」のテーマに取り組んでおります。

　2023年には「FUSION25後半3ヵ年計画」を策定し，実行を開始しました。経営環境の足元の変化と中長期的なトレンドをチャンスと捉え，重点テーマへの取り組みを強化するとともに，「インドの一大拠点化」「高機能・環境材料事業」などを新たなテーマとして加え，経済価値・環境価値・社会価値の創造を加速させてまいります。

(4) 企業集団の対処すべき課題 ……………………………………………

　今後の世界経済については，欧米インフレ圧力の鈍化やゼロコロナ政策の解除・新型コロナ感染症の収束による中国経済の正常化に加えて，内需拡大を背景とした堅調なインド経済が世界経済の下支え役となり，世界経済の底割れは回避できる見通しです。ただ，米国と欧州については大幅な利上げの反動で実体経済が減速・後退に向かうとの懸念がくすぶります。

　こうした経営環境の下，2023年度は，収益力の再強化に取り組むとともに，カーボンニュートラルへの世の中の流れをチャンスとした事業構造の改革を推進してまいります。具体的なテーマは以下の通りであります。

・カーボンニュートラル・省エネに資する商品・サービスによる，業務用途・住宅用途での当社シェアの向上
・用途や市場ごとの付加価値提供による，ソリューション事業の収益拡大
・市場環境の変化に柔軟・迅速に対応が可能な，強靭なサプライチェーンの構築
・市場・顧客のニーズにミートした差別化商品の投入による，販売価格政策の推進

(point) **冷媒も開発する唯一の空調メーカー**

　ダイキンは冷媒から空調機器まで開発する唯一の空調メーカーであり，化学事業も空調機器の競争力に寄与している。環境にもやさしい冷媒を開発し国内の「うるさら7」に投入している。新興国は依然として旧型冷媒が中心であり，今後環境規制の強化が予想されるため，環境負荷の低い冷媒への需要は高まると予想される。

・変動費・物流費低減，材料置換，生産性向上など，グローバル横断でのコスト力強化
・積極的な投資を行いながら収益を向上させるため，デジタルを活用した経営基盤強化による固定費の削減
・実行してきた買収案件・生産能力増強投資の成果創出

2 サステナビリティに関する考え方及び取組

　当社グループは，経営の基本的な考え方「グループ経営理念」を前提として，戦略経営計画「FUSION」によってグループの発展の方向を5年ごとに定めるとともに，サステナビリティの重点テーマを特定しています。重点テーマのうち，とりわけ重視しているのが環境（気候変動対応）と人材（人的資本）です。

　気候変動対応については，長期的視野に立ち，深刻化する地球環境課題の解決に貢献するため，2018年度に「環境ビジョン2050」を策定しました。また，2019年5月に，TCFD（気候関連財務情報開示タスクフォース）提言に賛同しました。環境ビジョンを踏まえながら，戦略経営計画「FUSION」で目標・施策を立案，実行し，事業を通じた社会課題の解決に取り組むことで社会の持続可能な発展に貢献します。

　また人的資本については，当社の発展・成長を担う人材をタイムリーに確保・配置・育成していくことが当社の重点課題と捉え，戦略経営計画「FUSION25」の経営基盤強化テーマの一つに「ダイバーシティマネジメントの深化による人材力強化」を定め取り組んでおります。

　気候変動・人的資本等サステナビリティの詳細につきましては当社ホームページにて開示しておりますサステナビリティレポートをご参照下さい。当該開示資料は以下のURLからご覧いただくことができます。
https://www.daikin.co.jp/csr/report

　なお，文中の将来に関する事項は，当連結会計年度末現在において当社グループが判断したものであります。

(point) **中国の業務用エアコンでトップシェアを獲得**

中国のシェアは，業務用エアコンで約4割（トップ），住宅用エアコンで約1割（3位）。業務用エアコンでは，マルチタイプのVRV（VariableRefrigerantVolume）に限れば5割以上だ。中国売上の内，業務用・住宅用のマルチタイプエアコンの売上が6割を占める。マルチタイプエアコンは経験が重要であり，しばらくは優位な状況が続くだろう。

（サステナビリティ共通）
ガバナンス

　サステナビリティを経営の重要課題のひとつと捉え，CSR担当役員を委員長とする「CSR委員会」が，活動の方向付けと進捗管理を担っております。

　「CSR委員会」では，従来のスタッフ部門であるCSR・地球環境センターに加え，経営企画室や経理財務本部が共同で事務局を担い，グループのサステナビリティを統括的・横断的に推進しております。環境（気候変動対応）や人材（人的資本）をはじめとした重点テーマそれぞれの担当役員を委員として年1回開催，社会動向や重点テーマの進捗状況，推進課題について共有し議論しております。委員会の決定事項は「取締役会」に報告されます。

戦略

　当社グループは，事業を通じて社会の課題解決と持続的発展（サステナビリティ）に貢献するために新たな価値創造に向けたマネジメントを行っております。

　経営の基本的な考え方「グループ経営理念」を前提として，戦略経営計画「FUSION」で，グループの発展の方向を5年ごとに定め，それに基づく全社重点戦略と定量目標・実行計画を設定し行動しております。また，2018年度には長期的視野に立ち，深刻化する地球環境課題の解決に貢献するために「環境ビジョン2050」を策定しました。環境ビジョンを踏まえながら，戦略経営計画「FUSION」で目標・施策を立案，実行し，事業を通じた社会課題の解決に取り組むことで社会の持続可能な発展に貢献します。

リスク管理

　戦略リスクは，当社の主要な経営会議体である「最高経営会議」や「執行役員会」などで，経営幹部が審議しております。財務報告の内部統制リスクおよびオペレーションリスクは，代表取締役社長兼CEOを委員長とする「内部統制委員会」にて，年2回，グループのリスクマネジメントを含めた内部統制全体について，適切に機能しているか点検・確認しております。その上で，PL・品質，安全，生産・販売活動，労働慣行，災害等をはじめとするオペレーションリスクについて「企業倫理・リスクマネジメント委員会」にてグループ横断的なリスク対応策を推進・管理しております。

指標及び目標

　自社と社会の2軸で影響評価を分析した結果と戦略経営計画「FUSION25」を踏まえて，サステナビリティに関する重要なテーマについて，指標と目標を定めて推進しております。指標と目標の詳細は「サステナビリティレポート」をご参照ください。

（気候変動）
ガバナンス

・CSR担当役員を委員長とする「CSR委員会」で，気候変動を含めた環境に関するリスク・機会，取り組み方針，目標についての議論や実績の進捗を確認しております。

・特に気候変動は，空調事業を主力とする当社グループの重要課題であり，「カーボンニュートラルへの挑戦」を戦略経営計画「FUSION25」の成長戦略テーマの一つに位置付け，定期的に進捗を取締役会に報告しております。

戦略

・国際エネルギー機関（IEA）の論文「The　　　　FutureofCooling」などにもとづき気候関連シナリオの分析を実施しております。

・空調需要は，2050年に現在の3倍以上に拡大すると予測されており，空調に伴うエネルギー規制強化や高い温室効果を有する冷媒に対する規制強化などがリスクとなり得る一方，当社グループが強みとする環境性に優れた製品・サービスを拡大する機会にもつながります。

・2050年温室効果ガス排出実質ゼロをめざす「環境ビジョン2050」を掲げ，その実現に向けた温室効果ガス排出削減目標と主な施策を，戦略経営計画「FUSION25」で具体化しております。

リスク管理

・シナリオ分析にもとづき，世界各地域の事業拠点から気候関連リスクを収集し，優先度を評価して，戦略に反映すべき気候関連リスクを特定しております。

・気候関連リスクを事業戦略に大きな影響を与えるリスクの一つとして認識し，全社リスクマネジメントプロセスに統合しております。

・代表取締役社長兼CEOを委員長とする「内部統制委員会」で全社リスクの管理状況について確認し、「取締役会」に報告しております。

指標及び目標

・「環境ビジョン2050」で、2050年に温室効果ガス排出実質ゼロをめざします。
・戦略経営計画「FUSION25」で、当社事業による温室効果ガス実質排出量削減目標「2019年を基準年とし、未対策のまま事業成長した場合の排出量と比べ、実質排出量（＝排出量—排出削減貢献量）を2025年に30％以上、2030年に50％以上の削減」を設定しております。

（人的資本・多様性）

戦略

(1) 人材育成の方針 ‥‥‥‥‥‥‥‥‥‥‥‥‥‥‥‥‥‥‥‥‥‥‥‥‥

・当社はグループ経営理念に「一人ひとりの成長の総和がグループ発展の基盤」と掲げ、企業の競争力の源泉は「人」であり、変革の担い手は「人」以外にあり得ないという信念を徹底して貫いてきました。
・人材育成については、「人は仕事の経験を通じて成長する」という考えのもと、一人ひとりの適性を見極めて仕事を任せチャレンジするOJTを軸とした人材育成を展開しております。そのうえで、OJTを補完するものとして、Off-JTも含めた育成の機会の充実を図っております。
・例えば、当社の戦略・事業の方向性、時代変化も踏まえ、グローバル事業の第一線で活躍できる経営幹部層を育成する「ダイキン経営幹部塾」、若手をグローバル人材として育成するための「海外拠点実践研修」、AI分野の技術開発などを担う人材を育成する「ダイキン情報技術大学」など、必要な領域ごとに対象者を選抜した多様な育成策を展開しております。さらには、各大学との連携強化を通じた人材育成と多様な専門性・経験の取り込みによる新たな価値の創造など、積極的な人材への投資を行っております。

(2) 社内環境整備 ‥‥‥‥‥‥‥‥‥‥‥‥‥‥‥‥‥‥‥‥‥‥‥‥‥‥

・世界170ヶ国以上で事業展開し、2022年度の海外売上高比率は83％となっております。グループ従業員約9万6千人のうち、海外従業員比率は8割を超

(point) **生産，受注及び販売の状況**

生産高よりも販売高の金額の方が大きい場合は、作った分よりも売れていることを意味するので、景気が良い、あるいは会社のビジネスがうまくいっていると言えるケースが多い。逆に販売額の方が小さい場合は製品が売れなく、在庫が増えて景気が悪くなっていると言える場合がある。

えております。

・グローバルでの提携・連携，M＆Aなどにより事業が急拡大し，ダイキングルー
　プを構成するメンバーや価値観が多様性を増す中，国籍・年齢・性別等に関わ
　らず，一人ひとりの個性や強みを組織の力とするダイバーシティマネジメント
　は，ダイキンの最大の強みであると考えております。

・外部環境が大きく変化する中，当社の持続的な成長・企業価値の向上を実現し
　続けるためには，企業活動の担い手である「人材」が今後ますます重要になり
　ます。これまで当社が実践してきたダイバーシティマネジメントにさらに磨き
　をかけていくとともに，目に見える属性だけではなく，多様な経歴，仕事経験，
　バックグラウンド，働き方，価値観などに注目し，組織の力にしていくことが
　不可欠であります。そのため当社では，戦略経営計画「FUSION25」において「ダ
　イバーシティマネジメントの深化による人材力強化」を経営基盤強化テーマの
　一つと定めるとともに，多様性に富む組織を束ね，イノベーションを起こす組
　織づくりを加速する経営幹部・ビジネスリーダーの配置・育成に取り組んでお
　ります。

指標及び目標

（1）経営幹部・ビジネスリーダーの育成 ……………………………………………

・変化の激しい市場環境に対応し，さらなる成長・事業拡大を加速するためには，
　永年培ってきた当社の良さ，強みにさらに磨きをかけ，新たな価値創造につな
　げる力を身につけ，グローバル事業の第一線で活躍できる幹部人材を継続的に
　育成することが重要となります。

・ダイキンでは，今後のグローバルでの成長・発展を担う経営幹部・ビジネス
　リーダーの育成をグループ全体で実施しております。育成対象を役員，事業部
　長・部長クラス，課長・リーダークラスの3層に分け，それぞれ専用の育成プ
　ログラムを実施しております。同時に各地域・拠点での幹部・リーダー育成策
　も実施しております。

(point) **対処すべき課題**

　　有報のなかで最も重要であり注目すべき項目。今，事業のなかで何かしら問題があれ
　ばそれに対してどんな対策があるのか，上手くいっている部分をどう伸ばしていくの
　かなどの重要なヒントを得ることができる。また今後の成長に向けた技術開発の方向
　性や，新規事業の戦略についての理解を深めることができる。

役員
①新任役員
プログラム

ダイキン工業（日本）・
海外グループ会社共通
次世代候補者
事業部長・部長
②グループ経営幹部育成塾

ダイキン工業（日本）　　海外グループ会社
次々世代候補者
課長・リーダークラス、海外幹部
③次世代リーダー　　④Daikin Executive
育成塾　　　　　　　Program (D-EP)

本社主導で実施

欧州　　アジア・　　中国　　北米
　　　　オセアニア

各地域での育成策

各拠点・地域で幹部・リーダー育成策を実施

目標：幹部・リーダー育成プログラム参加人数年間50名前後

実績：58名（2022年度実施人数）

（2）　海外拠点の経営幹部への登用

・当社は，急速に海外事業を拡大する中で，現地の文化を認め，地域に密着したビジネス展開ができるよう，積極的に権限委譲を進めてきました。現地従業員の現地経営幹部への登用を積極的に進め，海外拠点の経営のグローバル化を推進してきました。2022年度，海外拠点の現地人社長の比率は44%，取締役の比率は45%にのぼります。

・今後も引き続き，現地経営幹部候補の育成を加速し，国籍に関わらず，優秀な人材を適材適所で経営幹部ポジションへ登用してまいります。

目標：現地人社長比率の維持向上

実績：過年度及び2022年度の実績は以下の通り

2018年	2019年	2020年	2021年	2022年
46%	47%	43%	45%	44%

(point) 中国もインバーター式エアコンの普及が進む

中国の業務用エアコンではシェア約5割で，主な競合は日本を含む先進国メーカーだ。ルームエアコンは価格が重視され，現地大手3社の格力，美的，ハイアールが約7割を占めている。2008年時点で1割未満だったインバーター式のエアコンの比率が現在は5割程度に拡大。インバータータイプの低価格モデルでシェア拡大を狙う。

ダイキン工業の会社概況　　57

(3) イノベーションを創出するダイキン独自のAI・IoT人材を育成 ……………

・産業構造や社会構造の大きな変革期に対応するため,「デジタル人材」を育成する「ダイキン情報技術大学」を設立しました。大阪大学を中心とした教育機関,先端研究機関などの講師を招いて,数学などの基礎知識からプログラミング,機械学習やAI応用まで幅広い教育を行っております。

・管理職,既存社員,新入社員それぞれの育成を加速し,2022年度末にデジタル人材約1,300人の育成を達成し,2023年度末に1,500人の育成を目標に取り組みを進めております。

・2022年度末までに2年間の教育を修了した新入社員約390人を各部門に配属し,デジタル技術を核とした新たな事業創出テーマ,業務プロセスの効率化テーマに取り組んでおります。

目標：1,500人 (2023年度末)

実績：約1,300人 (2022年度末)

3 事業等のリスク

有価証券報告書に記載した事業の状況,経理の状況等に関する事項のうち,連結会社の財政状態,経営成績及びキャッシュ・フローの状況に重要な影響を与え,投資家の判断に影響を及ぼす可能性があると経営者が認識している主なリスクは以下のとおりであります。なお,以下に記載の内容は,当連結会計年度末現在において判断したものであります。

(1) 市場環境に関連するリスク ……………………………………………

① 市場環境の変化に関連するリスク

当社グループは,空調をはじめとする各事業領域において,開発・調達・生産・販売・サービスなどの事業活動をグローバルに展開し,販売網強化によるシェア向上,競争力ある商品・サービスの提供,固定費削減などにより,事業拡大と収益性向上に努めております。

しかしながら,政治・外交情勢の不安定化,貿易摩擦,景気の後退,天候不順,新型コロナウイルスをはじめとした感染症のまん延などにより,当社グループが事業展開する国・地域の市場環境が悪化した場合,事業拡大・収益性向上が計

(point) **代理店も儲かる仕組みで売上アップ**

ダイキンは代理店が儲かる仕組みで中国に強力な販売網を構築した。空調機の施工には設置工事を伴うが,ダイキンは配管などの設置工事を簡単にした製品開発を行うことで,代理店が儲かるビジネスモデルの提案を行っている。これが,中国における代理店数が12年12,000店→13年14,000店→14年17,000店と急拡大している背景だ。

画通りに進まない可能性があります。その結果，当社グループの財政状態及び経営成績に影響を及ぼす可能性があります。

② **為替相場・資金調達環境の変動に関連するリスク**

　当社グループの連結売上高に占める海外売上高の割合は高く，今後もグローバル展開の加速により，海外売上高の割合がさらに増加する見込みです。連結財務諸表の作成にあたっては，各地域における売上，費用，資産を含む現地通貨建ての項目を円貨換算しております。従って，換算時の為替レートにより，これらの項目は，各地域の現地通貨における価値が変わらなかったとしても円貨換算後の価値が影響を受けることになります。また，部材の調達，商品やサービスについて外貨建てで取引しているものもあり，為替動向によって製造コストや売上高に影響する可能性があります。当社グループでは，これらの為替リスクを回避するため，短期的には為替予約などによりリスクヘッジを行っており，中長期的には為替変動に連動した最適調達・生産分担の構築，通貨毎の輸出入バランス化等により為替変動に左右されない体質の実現に取り組んでおります。

　また，当社グループでは事業活動に必要となる資金を，金融機関からの借入，コマーシャル・ペーパーや社債によって調達しており，経済環境が変動した際に，金融機関の貸出姿勢や資金調達市場の状況が変化し，必要な資金が調達できないリスク及び調達金利が上昇するリスクがあります。これらのリスクに備え，コミットメントラインの設定，金利スワップ等による金利の固定化などの取り組みを行っておりますが，資金調達コストが上昇し，当社グループの財政状態及び経営成績に影響する可能性があります。

③ **有価証券の時価の変動に関連するリスク**

　当社グループは，戦略的観点から当社の企業価値の向上が期待できる企業の株式を保有しておりますが，株式市況の動向によっては，評価額が減少し，当社グループの財政状態及び経営成績に影響する可能性があります。

(2)　事業活動に関連するリスク ⋯⋯⋯⋯⋯⋯⋯⋯⋯⋯⋯⋯⋯⋯⋯⋯⋯⋯⋯

① **技術・商品・サービスに関連するリスク**

　当社グループは，顧客価値・社会的価値の創出を目指し，常にお客様に満足頂

ける技術・商品・サービスの開発に注力しております。しかしながら，当社グループの想定とは異なる新たな技術・商品・サービスの出現や，新規参入を含む競合激化などの急激な環境変化により，技術・商品戦略の修正や転換が必要となる可能性があります。

このような場合，新商品・サービスの投入や新たな事業の立ち上げが遅れ，競合他社や新規参入企業に対する優位性が低下し，その結果，当社グループの財政状態及び経営成績に影響を及ぼす可能性があります。

② 買収・他社との提携等に関連するリスク

これまで当社グループは，事業のグローバル展開や品揃え・販売体制の強化などのために，既存の経営資源を活用した自前での成長に加えて，企業買収を活用してきました。今後，事業領域の拡大や事業構造の転換を加速させるためにも，提携・連携・M&A を積極的に行ってまいります。案件の検討段階では，事業拡大に向けた戦略に留まらず，事業運営上のリスクについても検証を行うなど，案件の実行後には事業統合が円滑に進むように努めております。しかしながら，案件の実行後に，市場環境の悪化や，対象企業の経営資源が十分に活用できない，対象企業との連携が円滑に進まないなど，統合が計画通りに進まない可能性があります。その結果，当社グループの財政状態及び経営成績に影響を及ぼす可能性があります。

③ 商品・サービスの品質と責任

当社グループでは，世界170カ国以上で事業を展開しており，現地のニーズに合致した商品・サービスの提供に努めております。また，各地域において厳格な設計審査と品質検査を実施し，品質・安全性の確保に万全を期しております。しかし，万一商品の安全性に関する問題が発生した場合には，顧客の安全を第一に考え，事故の発生や拡大を防止するため，修理・交換，新聞などでの告知，販売事業者等社外の関係者への情報開示など，製造物責任法に基づく責務を果たします。

これらの対策には多額の費用が発生する可能性があるため生産物賠償責任保険等に加入していますが，保険の補償限度額を超える場合やブランドイメージの低下により売上が減少する場合，当社グループの財政状態及び経営成績に影響を及

ぽす可能性があります。

④　調達に関連するリスク

　当社グループでは，サプライヤーの経営状況の悪化，自然災害や事故の発生等の状況下においても，原材料や部品等が安定的かつタイムリーに，また合理的な価格で供給されることを確保するため，サプライヤーの複数化・自国・自地域内調達化，部品の共通化・標準化等の対応を進めております。また，サプライチェーンCSR推進ガイドラインを策定し，サプライヤーに対して人権・環境・コンプライアンス等のCSR取り組みの実施をお願いしております。しかしながら，上記のような対応が短期的には困難な場合があるほか，世界的な感染症の拡大や大規模災害などの想定を超えるような甚大な事象が発生した場合には，原材料や部品等の供給不足，納入遅延等が発生する可能性があります。また，サプライチェーン上において労働者の権利侵害等の重大な法令違反があった場合には，発注元として当社の社会的信用が低下する可能性があります。

　当社グループとサプライヤーは，契約により原材料や部品等の価格を決定しております。長期契約の活用など安定した価格で調達できるよう努めておりますが，急激な需給環境の変化や為替相場の変動等により，調達価格の高騰が避けられないこともあります。

　これらの場合，当社グループの財政状態及び経営成績に影響を及ぼす可能性があります。

⑤　法的規制

　当社グループは，世界170カ国以上で事業を展開しており，競争法・贈賄防止法・人権や労働関係法・安全規制関連法・環境規制関連法等の世界各国・各地域の法律や規制の適用を受けております。各国において，より厳格な法規制の導入や当局の法令解釈や運用指針の変更により，当社グループの事業活動が制限される可能性があります。

　当社グループでは，コンプライアンスの徹底に向け，役員・従業員一人ひとりが取るべき行動を明示した「グループ行動指針」及び「グループ人権方針」等の具体的な取り組み方針を定めております。各テーマについて教育研修を実施するとともに，年1回，法令・規程どおりに日々の業務を行っているかをセルフチェッ

クする「自己点検」を導入し，コンプライアンス意識を高めるとともに，監査を実施し，遵守状況を確認しております。

　しかしながら，法令違反が生じた場合には，課徴金等の行政処分を受ける可能性があります。また，ブランドイメージの低下により売上が減少し，当社グループの財政状態及び経営成績に影響を及ぼす可能性があります。

⑥　情報セキュリティ

　当社グループは，事業を展開するにあたり，第三者の機密情報や顧客の個人情報を取得することがあり，また，当社独自の機密情報も扱っております。このため，ハッカーによる不正アクセスやサイバー攻撃を受け，個人情報や機密情報が外部へ流出したり，各拠点の生産ラインや物流システムが停止したりするなど，事業に深刻な影響を及ぼす可能性があります。そのような事態が生じた場合，多額の損害賠償金や制裁金の支払を要する場合があります。さらに，多大な対策費用を支払うことになり，当社グループの財政状態及び経営成績に影響を及ぼす可能性があります。

　これらの事象の発生を防ぐため，当社では，情報セキュリティ担当役員を委員長とする審議機関「情報セキュリティ委員会」を設置し，情報セキュリティ戦略・対策方針を審議し，情報セキュリティシステムの強化，秘密表示の徹底，外部からのアクセス制限，社内規程の整備や教育研修などの対策を講じております。同委員会で審議した重要事項や全社へ周知・徹底すべき事項は，「企業倫理・リスクマネジメント委員会」，代表取締役社長兼CEOを委員長とする「内部統制委員会」へ報告するとともに，取締役会にも報告を行っております。また，海外グループ会社を含めた全社のセキュリティ管理体制を強化しております。

(3)　気候変動等環境に関連するリスク

　気候変動はグローバルに取り組むべき社会課題の一つであり，当社グループは，「環境社会をリードする」とのグループ経営理念に基づいて，省エネ高効率空調機や低温暖化冷媒の開発・普及，建物全体でエネルギーを効率的に利用するソリューションの創出などにより，温室効果ガス（CO2・フロン）の排出を抑制し，気候変動の緩和に積極的に取り組んでおります。しかしながら，低炭素社会への

移行に伴い，温室効果を有する冷媒ガスの使用・排出規制や省エネルギー規制がさらに強化される場合，規制に適合するために必要なコストが増加する可能性があります。また，仮にこれらへの十分な対応が困難であったり，遅れが生じた場合には，製品の販売に支障が出るなど，円滑な事業活動に影響が及ぶ可能性があります。物理的なリスクとしては，異常気象に伴う大規模災害発生時に当社グループの従業員，生産設備，システム，サプライチェーン等に被害が発生し，事業活動に大きな影響を受ける可能性があります。

　また，当社グループでは，事業活動による環境汚染の発生を防止すべく，規制の遵守は当然のこと，より厳しい自主基準を設けるなど万全を期しております。しかしながら，当社が排出した化学物質等に起因して結果的に環境問題が発生した場合には，これに対して浄化処理，損害賠償等の対応を行う必要が生じ，そのための費用が発生する可能性があります。

　以上のようなリスクの顕在化により，当社グループの財政状態及び経営成績に影響が及ぶ可能性があります。

(4) その他 ･･･

① 固定資産の減損

　当社グループは，事業用の資産や企業買収の際に生じるのれんなど様々な有形・無形の固定資産を計上しており，これらの資産については，減損損失の兆候の有無を判定しております。減損の兆候があると認められる場合には，将来キャッシュ・フローの総額を見積り，減損損失の有無を判定しております。判定に必要な将来キャッシュ・フローは経営計画を基礎とし，将来の不確実性を考慮して見積っております。今後の業績変動等により減損損失を認識する場合には，当社グループの財政状態及び経営成績に影響を及ぼす可能性があります。一方で，継続的な業績のモニタリングを行っており，投資に対する回収が困難となる前に対策を講じるように努めております。

② 自然災害等

　当社グループは，世界中に研究開発・製造・販売・サービスの拠点を有しております。近年わが国では，地震・津波・台風・豪雨などの自然災害に見舞われて

---

point 事業等のリスク

　「対処すべき課題」の次に重要な項目。新規参入により長期的に価格競争が激しくなり企業の体力が奪われるようなことがあるため，その事業がどの程度参入障壁が高く安定したビジネスなのかなど考えるきっかけになる。また，規制や法律，訴訟なども企業によっては大きな問題になる可能性があるため，注意深く読む必要がある。

おります。当社では，このような自然災害に備え，各事業所で施設の耐震化を進めるほか，津波・大雨・洪水等に対する対策を進めております。また，自然災害に関する防災規程を制定し，定期的に防災訓練を実施するなどにより，自然災害による影響の極小化を図っております。しかしながら，甚大な自然災害により，当社グループの従業員・生産設備・システム等に被害が発生し，事業活動に大きな影響を受ける可能性があります。海外においても，各種の自然災害のほか，テロや暴動・戦争等によって，当社グループの事業拠点だけではなくサプライチェーンや顧客が被害を受けることも考えられ，これらにより当社グループの事業活動に障害や遅延が発生する可能性があります。

　さらに，感染症の拡大が当社グループの事業にとってリスクとなっております。新型コロナウイルスの感染拡大を受け，当社グループでは，従業員の健康と安全の確保を第一に感染防止対策を徹底しております。また，グローバルでの調達・生産・在庫・物流の構えの強化，需要の減少や需要者の購買行動の変化に対応したオンライン販売の促進，空気質・換気への意識の高まりを捉えた換気商材の拡販，差別化商品の開発などを重要経営課題として取り組んでおり，世界各国でワクチンの接種が進んだこともあり感染状況は収束傾向にあり，行動制限が緩和されるなど，以前の生活に戻りつつありますが，再び変異株が流行することも想定され，当社グループの財政状態及び経営成績に影響を及ぼす可能性があります。

4　経営者による財政状態，経営成績及びキャッシュ・フローの状況の分析

（経営成績等の状況の概要）

　当連結会計年度における当社グループ（当社，連結子会社及び持分法適用会社）の財政状態，経営成績及びキャッシュ・フロー（以下，「経営成績等」という。）の状況の概要は次のとおりであります。

（1）　財政状態及び経営成績の状況 ·······················

　当期の世界経済は，コロナ禍が収束に向かう中で経済活動が徐々に正常化しましたが，ウクライナ危機の長期化，世界的なインフレの進行，欧米での急速な利上げなどにより回復ペースは鈍化しました。米国経済は，長引くインフレや政策金利の引き上げが景気の重石となりましたが，良好な雇用・所得環境，コロナ禍

<u>point</u>　**企業買収で北米市場の販売網を確保**

　　グッドマンの買収に伴い，米国内で900拠点を越える販売網を持ち，傘下に60,000店のディーラーを抱える空調大手を手に入れた。グッドマンは2011年に北米住宅市場でのシェアが25%で1位になっている。今後はダイキンブランドのダクトレス式の家庭用空調機器や暖房機器をグッドマンのディーラー網を活用して販売していく。

で積み上がった貯蓄による活発な個人消費やエネルギー関連輸出の増加が景気を下支えしました。欧州経済は，長引くウクライナ危機に伴うエネルギー価格高騰による強いインフレ圧力が続き，景気は低迷しました。アジア・新興国経済は，活動制限の緩和により個人消費やサービス輸出が持ち直し景気は緩やかに回復しましたが，秋以降は急速なインフレが経済の下押し要因となり，持ち直しのペースは減速しました。中国経済は，長引くゼロコロナ政策の影響で消費・投資マインドが減退する中，欧米景気の減速や工場稼働率の低下により輸出が減少しましたが，年度終盤から内需主導で回復の兆しが見えました。日本経済は，エネルギー価格の高騰や円安による物価上昇が継続しましたが，行動制限の緩和による個人消費の復調や，旺盛な設備投資により緩やかな回復が続きました。

当社グループでは，それぞれの地域・事業の進捗状況をきめ細かくフォローしながら臨機応変に課題に対応することで，環境変化による当社事業への影響を極小化する一方，堅調な地域・事業でのさらなる販売の拡大・収益力の向上に努めました。具体的には，次に挙げるテーマへの取り組みを継続・強化しました。

・市場・顧客のニーズにミートした差別化商品の投入による販売価格政策の推進
・業務用空調をはじめとした各事業における，販売力・営業力の強化
・さらなる原価低減の追求による，変動費コストダウンの推進
・物流経費のさらなる高騰に対応した，物流効率化策の推進
・積極的な投資と収益性向上の両面を意識した，固定費の効率化
・次年度以降も見据えた，調達・供給力の強化
・買収会社及び大型設備投資の成果創出・収益化の加速
・研究開発やデジタル化などにおける，人材獲得・育成の強化

また，世の中の変化をチャンスと捉え，カーボンニュートラル実現の加速，ソリューション事業の推進，デジタル技術の活用など，当社グループの強みを活かし，次の飛躍につなげる挑戦テーマを設定し，強靭な企業体質の構築と成果創出に取り組みました。

当期の経営成績については，売上高は3兆9,815億78百万円（前期比28.1％増）となりました。利益面では，営業利益は3,770億32百万円（前期比19.2％増），

経常利益は3,662億45百万円（前期比11.8％増），親会社株主に帰属する当期純利益は2,577億54百万円（前期比18.4％増）となりました。

　セグメントごとの経営成績を示すと，次のとおりであります。

① 空調・冷凍機事業

　空調・冷凍機事業セグメント合計の売上高は，前期比28.3％増の3兆6,297億66百万円となりました。営業利益は，前期比14.9％増の3,244億52百万円となりました。

　国内空調では，業務用市場の需要は，経済活動の回復に伴う設備投資の持ち直しの動きが見られ，前期を上回りました。一方，住宅用市場の需要は，中国でのロックダウンによる供給面での影響や昨年の巣ごもり需要からの反動もあり，前期を下回りました。このような状況の中，当社グループは，省エネ機器需要の高まりに対する提案強化や，強靭なサプライチェーンによる安定供給に努め，販売の拡大に取り組みました。業務用空調機器市場に向けては，高い省エネ性能を持つ「FIVESTAR ZEAS」・「VRVX」シリーズなどの空調機器と，全熱交換器『ベンティエール』や『UVストリーマ除菌ユニット』など換気・除菌機器を組み合わせることで，エネルギーコスト削減と空気質改善を両立する提案を拡大しました。このような取り組みにより，業務用空調機器の売上高は前期を上回りました。住宅用空調機器市場に向けては，無給水加湿や給気・排気換気など快適な空気環境を実現するルームエアコン『うるさらX（エックス）』，細部までデザインにこだわったルームエアコン『risora（リソラ）』など，当社独自の商品特長や高い省エネ性能を活かしたユーザー訴求の拡大を進めました。このような取り組みにより，住宅用空調機器の売上高は前期を上回りました。

　米州では，一部機種で部品不足に起因した供給逼迫等の問題がある中でも，生産性の向上に努め，生産・販売ともに堅調に推移しました。住宅用空調機器については，長引くインフレや住宅金利上昇等により業界需要の伸びが停滞しましたが，供給力の強化や顧客開発等の営業努力によりシェアは堅調に推移しました。また，買収による販売網強化や価格政策の実施に努め，売上高は前期を大きく上回りました。大型ビル（アプライド）空調分野は，市場が堅調に推移する中，市場の伸びを上回る空調機器の拡販や，買収した販売会社やシステムインテグレー

ターを活用したサービス・ソリューション事業の拡大により，売上高は前期を大きく上回りました。

　中国では，4月・5月は上海でのロックダウンにより生産・物流が停止し，製品供給が滞り販売が減少しました。6月のロックダウン解除後は，いち早く生産・物流をフル稼働させ，上期の販売は前期を超えるまで回復しました。下期も感染対策による厳しい行動制限が続き，さらに12月はゼロコロナ政策急転換による感染者の急増により，12月・1月の市場は停止しました。2月は感染が収束する前からいち早く販売活動を再開し，3月の販売は前期を上回りました。年間では為替のプラス効果もあり地域全体の売上高は前期を上回りました。利益面では，販売減速の影響を受けましたが，高付加価値商品への注力，コストダウン・固定費削減に取り組み，これまでの高水準を維持しました。住宅用空調機器市場では，顧客訪問が制限される中，当社グループ独自の専売店「プロショップ」を中心にショールームを活用したライブ放送，Web戦略などのオンライン販売を強化しました。さらにカスタマーセンター，顧客データ活用による更新需要の獲得に取り組みました。顧客の空気・環境への関心の高まり，カーボンニュートラル政策による省エネ・燃焼暖房規制などをチャンスに空調・空気質改善機能・全熱交換機・ヒートポンプ床暖房などを組み合わせた当社独自のシステム販売・ソリューション提案を強化しました。業務用空調機器市場では，経済刺激策により需要が堅調なインフラ関連，政府物件・大手企業の投資案件などを重点に攻略，カーボンニュートラル政策の推進を受けて，大型物件市場ではエネルギーソリューション・空気質の可視化，工場市場では省エネ空調による電力削減などを切り口に販売を強化しました。アプライド空調機器市場では，インフラ・半導体関連など成長分野に経営資源をシフトしたことに加え，保守・メンテナンス事業を強化しました。

　アジア・オセアニアでは，インドにおいて経済成長を背景に好調な販売を維持したものの，その他の国では，下期以降，インフレの進行による消費低迷や，天候不順等の影響を受け，住宅用空調機器の販売がやや減速しました。一方，コロナ禍での行動制限の緩和に伴い，物件の遅延等の状況が改善傾向にある業務用空調機器の販売は堅調に推移しました。電子部品等の供給逼迫が継続する中でも製

(point) **企業買収で北米主流の「ダクト式」も確保**

　米国ではセントラルヒーティングの「ダクト式」が主流だ。当社は「ダクトレス型」が主流だったが，グッドマンの買収でダクト式とダクトレス式を確保した。米国は空調方式の違いで先行企業が販売・サービス網の優位性を発揮しやすく，上位メーカーの寡占状態が続き，新規参入が難しかった。シナジー効果に今後期待したい。

品を安定的に供給し，各国で価格政策を実施した結果，地域全体の売上高は住宅用・業務用ともに前期を上回りました。

　欧州では，ロシア・ウクライナ情勢の悪化によるエネルギー価格高騰，高インフレやコロナ影響に伴う中国からの部材供給の逼迫等，厳しい事業環境が続きました。しかしながら，生産・販売・供給部門の連携強化，各販社での販売力強化の取り組みにより，地域全体の売上高は前期を大きく上回りました。住宅用空調機器は，エネルギー価格の高止まりにより，省エネ性能に優れるルームエアコンの暖房用途向け新規需要が顕在化しました。ドイツ・オランダ・フランス・スペイン等で暖房商品として提案営業を強化することにより売上高は前期を上回りました。住宅用ヒートポンプ式温水暖房機器は，12月に補助金制度の縮小を発表したイタリアでは下期に需要の減少がみられましたが，多くの国では欧州グリーンディール政策を背景とした補助金制度が追い風となり，ガスやオイルボイラーからの更新需要は引き続き拡大しました。販売店開発や補助金申請支援などの販売力強化と商品ラインナップの拡充，最寄り工場での生産・供給力強化で需要を最大限に取り込みました。このような取り組みの結果，住宅用暖房機器の売上高は前期を大きく上回りました。業務用空調機器においては，部品逼迫による供給遅れの影響を受けましたが，各国でのコロナ規制の緩和・撤廃に伴い，オフィスや店舗等の一時的な反動需要（ペントアップ需要）を着実に取り込みました。第2四半期以降は，欧州中央銀行の金利引上げによる投資の減速が見られましたが，中・小型物件での受注活動を強化し，販売を最大化しました。その結果，業務用空調機器の売上高は前期を上回りました。低温事業は，食品スーパーの新店・改築投資の手控え等，事業環境が大きく悪化し，売上高は前期を下回りました。

　中近東・アフリカでは，UAE・サウジアラビア・エジプトでの販売強化が牽引し，売上高は前期を大きく上回りました。トルコでは，現地で生産を開始した業務用空調機器において短納期対応を強みに販売を拡大しました。2月のトルコ南東部での大地震発生以降，経済活動の一時的なスローダウンもありましたが，売上高は前期を大きく上回りました。

　フィルタ事業では，需要は緩やかな回復基調が続きました。米国では，価格政策の実施に努めるとともに，8月に事業買収した代理店を積極的に活用し，販売

を大きく伸ばしました。また，業務用ハイエンド市場での事業拡大のため，新規顧客開拓に力を入れました。これまでのデベロッパー等に加え，顧客の環境対応ニーズの高まりにより，空調機器に強いエンジニアリング会社への販売も増加しました。欧州では，景気は緩やかに減速したものの，省エネや空気質ニーズは引き続き底堅く，ハイエンド市場での販売が好調でした。アジアでは，半導体投資が旺盛で，高性能フィルタの販売が増加しました。また，国内では，半導体市場向けに高性能フィルタの販売に加え，感染症対策機器の販売が堅調に推移しました。さらに，ガスタービン・集塵機事業も，欧州での集塵機の販売が好調であったことから，フィルタ事業全体の売上高は前期を大きく上回りました。

舶用事業では，海上コンテナ冷凍装置は，中国でのロックダウンの影響を受け，部品不足による生産の減少や物流の混乱による4月・5月の販売減少の影響が大きく，販売台数は前期を下回りました。しかし，舶用エアコン・冷凍機は販売を伸ばしたことなどもあり，舶用事業全体の売上高は前期を上回りました。

② 化学事業

化学事業セグメント合計の売上高は，前期比24.0％増の2,634億16百万円となりました。営業利益は，前期比66.3％増の454億11百万円となりました。

フッ素化学製品全体の販売は，半導体・自動車分野を中心に広範囲での堅調な需要に加え，原材料市況高騰を背景とする価格政策を実施したことにより，売上高は前期を大きく上回りました。

フッ素樹脂は，世界的な半導体・自動車関連需要の堅調な推移に伴い，売上高は前期を大きく上回りました。また，フッ素ゴムについても，自動車関連を中心に需要が堅調であること，原材料市況高騰を背景とした価格政策を実施したことにより，売上高は前期を大きく上回りました。

化成品のうち，表面防汚コーティング剤や撥水撥油剤の需要に停滞が見られたものの，半導体向けエッチング剤などの需要が堅調に推移したことにより，化成品全体の売上高は前期を上回りました。

フルオロカーボンガスについては，原材料市況高騰に対応した価格政策の実施に努め，売上高は前期を大きく上回りました。

(point) **設備投資等の概要**

セグメントごとの設備投資額を公開している。多くの企業にとって設備投資は競争力向上・維持のために必要不可欠だ。企業は売上の数％など一定の水準を設定して毎年設備への投資を行う。半導体などのテクノロジー関連企業は装置産業であり，技術発展のスピードが速いため，常に多額の設備投資を行う宿命にある。

③ その他事業

　その他事業セグメント合計の売上高は，前期比29.6％増の883億95百万円となりました。営業利益は，前期比8.0％増の71億82百万円となりました。

　油機事業では，産業機械用油圧機器は，国内市場では工作機械向けを中心に販売が増加したことに加え，当期に買収した会社が欧米向けの販売の増加に寄与し，売上高は前期を大きく上回りました。また，建機・車両用油圧機器は，国内市場及び米国市場向けの販売が増加したことにより，売上高は前期を上回りました。

　特機事業では，新型コロナウイルスに伴う需要が減少したことにより酸素濃縮装置及びパルスオキシメータ（採血することなく血中酸素飽和度を簡易に測定できる医療機器）の販売が減少し，売上高は前期を下回りました。

　電子システム事業では，品質課題の解決・設計開発期間の短縮・コストダウン支援といった顧客ニーズに合致した設計・開発分野向けデータベースシステム『Space Finder（スペースファインダー）』と『Smart Innovator（スマートイノベーター）』及び設備CADシステムの販売が堅調に推移しました。しかし，ゲーム市場向けCG制作ソフトの販売が減少したことにより，売上高は前期を下回りました。

　総資産は，4兆3,036億82百万円となり，前連結会計年度末に比べて4,806億44百万円増加しました。

　流動資産は，商品及び製品の増加等により，前連結会計年度末に比べて2,614億59百万円増加し，2兆4,270億82百万円となりました。

　固定資産は，機械装置及び運搬具の増加や円安による為替換算の影響を受けたこと等により，前連結会計年度末に比べて2,191億85百万円増加し，1兆8,765億99百万円となりました。

　負債は，短期借入金の増加等により，前連結会計年度末に比べて2,086億98百万円増加し，2兆245億87百万円となりました。

　純資産は，親会社株主に帰属する当期純利益の計上による増加等により，前連結会計年度末に比べて2,719億45百万円増加し，2兆2,790億95百万円となり

(point) **継続的な改善活動で国内生産拠点を維持**

　滋賀製作所は家庭用空調機器の生産拠点。生産リードタイムの短縮によるコスト競争力の継続的な改善を常に行っている。天候不順で家庭用エアコンの需要が低迷しても機動的に減産が可能だ。家庭用エアコンの国産メーカーは事実上ダイキンと三菱電機のみであり，猛暑・冷夏などによる急激な需要変動への対応能力が強みとなる。

ました。

　この結果，自己資本比率は前連結会計年度末の51.5％から51.9％となり，1株当たり純資産額は前連結会計年度末の6,726.45円から7,635.27円となりました。

　また，有利子負債については，短期借入金の増加等により，前連結会計年度に比べて628億10百万円増加し，8,876億84百万円となりましたが，総資産の増加により有利子負債比率（有利子負債／総資産）は，21.6％から20.6％となりました。

(2)　キャッシュ・フローの状況 ･･････････････････････････････････････

　当連結会計年度のキャッシュ・フローについては，営業活動では，棚卸資産の増加等により，前連結会計年度に比べて861億74百万円収入が減少し，1,588億96百万円の収入となりました。投資活動では，有形固定資産の取得による支出の増加等により，前連結会計年度に比べて490億4百万円支出が増加し，2,297億93百万円の支出となりました。財務活動では，長期借入金の返済による支出の増加等により，前連結会計年度に比べて643億90百万円支出が増加し，1,130億88百万円の支出となりました。これらの結果に為替換算差額を加えた現金及び現金同等物の当連結会計年度の増減額は，前連結会計年度末に比べて2,261億12百万円減少し，1,689億89百万円のキャッシュの減少となりました。

　当連結会計年度より，会計方針の変更を行っており，前期比較については，遡及適用後の前期数値を用いております。

(point) **米国の省エネ規制強化を商機に**

　米国では2015年1月に省エネ規制の強化（SEER14：エネルギー消費効率）が予定されている。ダイキンは買収したグッドマン社の製品にインバーター技術（省エネ技術）を搭載した商品を投入する。新商品は規制強化後の最低基準値に比べて4割省エネ化される。これをきっかけに米国においてもインバーター機の普及が進むかもしれない。

(生産，受注及び販売の状況)

(1) 生産実績 ・・

　　当連結会計年度における生産実績をセグメントごとに示すと，次のとおりであります。

セグメントの名称	生産高(百万円)	前年同期比(%)
空調・冷凍機事業	2,865,459	29.9
化学事業	274,484	32.2
その他事業	81,294	27.5
合計	3,221,238	30.0

(注)1　金額は販売価格によっております。

(2) 受注状況 ・・

　　当社グループの製品は，大部分見込み生産であるため，受注高及び受注残高の記載は省略しております。

(3) 販売実績 ・・

　　当連結会計年度における販売実績をセグメントごとに示すと，次のとおりであります。

セグメントの名称	販売高(百万円)	前年同期比(%)
空調・冷凍機事業	3,629,766	28.3
化学事業	263,416	24.0
その他事業	88,395	29.6
合計	3,981,578	28.1

(注)1　セグメント間の取引については相殺消去しております。

　　 2　いずれの相手先についても総販売実績に対する割合が100分の10未満のため，相手先別の販売実績及び総販売実績に対する割合の記載を省略しております。

(経営者の視点による経営成績等の状況に関する分析・検討内容)

　　以下に記載の内容については，当連結会計年度末現在において判断したものであります。

(point) **設備の新設，除却等の計画**

　　ここでは今後，会社がどの程度の設備投資を計画しているか知ることができる。毎期どれくらいの設備投資を行っているか確認すると，技術等での競争力維持に積極的な姿勢かどうか，どのセグメントを重要視しているか分かる。また景気が悪化したときは設備投資額を減らす傾向にある。

(1) 重要な会計方針及び見積り ･････････････････････････････････

　当社グループの連結財務諸表は，わが国において一般に公正妥当と認められている会計基準に基づき作成されております。当連結会計年度末における資産，負債及び純資産の計上，当連結会計年度における収益，費用の計上については，現況や過去の実績に基づいた合理的な基準による見積りが含まれております。

　なお，連結財務諸表作成にあたって用いた会計上の見積り及び当該見積りに用いた仮定のうち，重要なものは「第5経理の状況1連結財務諸表等（1）連結財務諸表注記事項（重要な会計上の見積り）」に記載しております。

　また，新型コロナウイルス感染症の影響については「第5経理の状況1連結財務諸表等（1）連結財務諸表注記事項（追加情報）」に記載しております。

(2) 財政状態 ･･
① 資産

　総資産は，4兆3,036億82百万円となり，前連結会計年度末に比べて4,806億44百万円増加しました。流動資産は，商品及び製品の増加等により，前連結会計年度末に比べて2,614億59百万円増加し，2兆4,270億82百万円となりました。固定資産は，機械装置及び運搬具の増加や円安による為替換算の影響を受けたこと等により，前連結会計年度末に比べて2,191億85百万円増加し，1兆8,765億99百万円となりました。

② 負債及び純資産

　負債は，短期借入金の増加等により，前連結会計年度末に比べて2,086億98百万円増加し，2兆245億87百万円となりました。

　純資産は，親会社株主に帰属する当期純利益の計上による増加等により，前連結会計年度末に比べて2,719億45百万円増加し，2兆2,790億95百万円となりました。

　この結果，自己資本比率は前連結会計年度末の51.5％から51.9％になり，1株当たり純資産額は前連結会計年度末の6,726.45円から7,635.27円となりました。

(point) これからエアコン普及期を迎えるインドに注力

　インドのルームエアコン普及率はわずか15%程度。これに対しトルコは27%，中南米は35%，中国は50%，米国は80〜85%，日本は90%となっている。ダイキンはインドのルームエアコン市場で10%のシェアを持っており，2015年までにインドの空調機市場で1位になることを目指している。

（3） 経営成績 ・・

① 売上高

　当連結会計年度の売上高は，前連結会計年度比28.1％増の3兆9,815億78百万円となりました。

　空調・冷凍機事業では，部品不足やインフレ，新型コロナウイルスの影響等を受けましたが，販売力の強化や差別化商品の投入による販売価格政策の実施に努め，売上高は前連結会計年度比28.3％増の3兆6,297億66百万円となりました。

　化学事業では，半導体・自動車分野を中心とした需要回復を捉えた拡販施策の展開や価格政策を実施したことなどにより売上高は前連結会計年度比24.0％増の2,634億16百万円となりました。

　その他事業全体では，産業機械用油圧機器や建機・車両用油圧機器において販売が増加したことなどにより，売上高は前連結会計年度比29.6％増の883億95百万円となりました。

② 営業費用，営業利益

　売上原価は，前連結会計年度比29.2％増加し，2兆6,501億2百万円となりました。

　販売費及び一般管理費については，前連結会計年度比28.8％増加し，9,544億43百万円となりました。人件費の増加が主な要因であります。

　以上の結果，営業利益は前連結会計年度比19.2％増の3,770億32百万円となりました。

　なお，セグメントの営業損益については，空調・冷凍機事業では，前連結会計年度比14.9％増の3,244億52百万円の営業利益となり，化学事業では，前連結会計年度比66.3％増の454億11百万円の営業利益となり，その他事業は前連結会計年度比8.0％増の71億82百万円の営業利益となりました。

③ 営業外損益，経常利益

　営業外損益は，支払利息が増加したこと等により，前連結会計年度に比べて219億33百万円減少し，107億87百万円のマイナスとなりました。

　経常利益は，前連結会計年度比11.8％増の3,662億45百万円となりました。

(point) 株式の総数等

　発行可能株式総数とは，会社が発行することができる株式の総数のことを指す。役員会では，株主総会の了承を得ないで，必要に応じてその株数まで，株を発行することができる。敵対的TOBでは，経営陣が，自社をサポートしてくれる側に，新株を第三者割り当てで発行して，買収を防止することがある。

④　特別損益，親会社株主に帰属する当期純利益

　特別損益は，投資有価証券売却益が増加したこと等により，前連結会計年度に比べて65億79百万円増加し，71億39百万円のプラスとなりました。親会社株主に帰属する当期純利益は，前連結会計年度比18.4％増の2,577億54百万円となりました。

（4）　キャッシュ・フロー ‥‥‥‥‥‥‥‥‥‥‥‥‥‥‥‥‥‥‥‥‥‥‥‥‥‥

　営業活動では，棚卸資産の増加等により，前連結会計年度に比べて861億74百万円収入が減少し，1,588億96百万円の収入となりました。投資活動では，有形固定資産の取得による支出の増加等により，前連結会計年度に比べて490億4百万円支出が増加し，2,297億93百万円の支出となりました。財務活動では，長期借入金の返済による支出の増加等により，前連結会計年度に比べて643億90百万円支出が増加し，1,130億88百万円の支出となりました。これらの結果に為替換算差額を加えた現金及び現金同等物の当連結会計年度の増減額は，前連結会計年度末に比べ2,261億12百万円減少し，1,689億89百万円のキャッシュの減少となりました。

　当社グループでは，投資は成長の基盤と考えており，投資によって事業拡大を図るとともに，財務体質の強化，企業価値の一層の向上と株主への利益還元の向上を図ってまいります。具体的には，新製品に対応した設備投資，生産性向上・生産能力拡大のための投資などに加え，各戦略的投資を実行し，グローバルでの事業拡大及び競争力強化を図ってまいります。これらの投資に必要な資金は内部留保の蓄積を基本とした自己資金に加え，必要に応じ，金融機関からの借入や社債等で調達します。当連結会計年度では，投資活動によるキャッシュ・フロー（2,297億93百万円）が，営業活動によるキャッシュ・フロー（1,588億96百万円）を上回りました。

　株主への配当は，安定的かつ継続的に実施していくことを基本に，連結純資産配当率（DOE）3.0％を維持するように努めるとともに，連結配当性向についてもさらに高い水準を目指していくことで，株主への還元の一層の拡充に取り組んでまいります。

(point) 連結財務諸表等

　ここでは主に財務諸表の作成方法についての説明が書かれている。企業は大蔵省が定めた規則に従って財務諸表を作るよう義務付けられている。また金融商品法に従い，作成した財務諸表がどの監査法人によって監査を受けているかも明記されている。

キャッシュ・フロー指標のトレンドは下記のとおりであります。

	2019年3月期	2020年3月期	2021年3月期	2022年3月期	2023年3月期
自己資本比率(%)	52.4	53.8	51.4	51.5	51.9
時価ベースの自己資本比率(%)	140.5	144.5	201.6	171.6	160.9
キャッシュ・フロー対有利子負債比率 (年)	2.3	1.8	2.0	3.4	5.6
インタレスト・カバレッジ・レシオ(倍)	21.2	25.6	39.3	27.7	7.8

(注) 自己資本比率:自己資本／総資産

　　　時価ベースの自己資本比率:株式時価総額／総資産

　　　キャッシュ・フロー対有利子負債比率:有利子負債／営業キャッシュ・フロー

　　　インタレスト・カバレッジ・レシオ:営業キャッシュ・フロー／利払い

　※各指標は，いずれも連結ベースの財務数値により算出しております。

　※株式時価総額は，期末株価終値×期末発行済株式数(自己株式控除後)により算出しております。

　※営業キャッシュ・フローは連結キャッシュ・フロー計算書の営業活動によるキャッシュ・フローを使用しております。

　※有利子負債は，連結貸借対照表に計上されている負債のうち利子を支払っている全ての負債を対象としております。また，利払いについては，連結キャッシュ・フロー計算書の利息支払額を使用しております。

(point) **連結財務諸表**

　ここでは貸借対照表(またはバランスシート，BS)，損益計算書(PL)，キャッシュフロー計算書の詳細を調べることができる。あまり会計に詳しくない場合は，最低限，損益計算書の売上と営業利益を見ておけばよい。可能ならば，その数字が過去5年，10年の間にどのように変化しているか調べると会社への理解が深まるだろう。

1 設備投資等の概要

　当社グループでは「より収益性の高い分野への経営資源の集中」を基本戦略とし，当連結会計年度においては，空調・冷凍機事業及び化学事業を重点に，総額250,286百万円の設備投資を実施しました。空調・冷凍機事業については，当社においてルームエアコン及びパッケージエアコンの研究開発・合理化投資を中心に19,561百万円の投資を実施しました。ダイキンヨーロッパエヌブイグループにおいても，能力増強投資を中心に37,399百万円の設備投資を実施しました。化学事業については，当社において能力増強合理化投資を中心に13,202百万円の設備投資を実施し，ダイキンアメリカインクグループにおいても，12,005百万円の能力増強投資を実施しました。

　所要の資金については，いずれの投資も主に銀行借入金及び自己資金を充当しました。なお，当連結会計年度において，主要な設備の売却は実施しておりません。

2 主要な設備の状況

　当社グループにおける主要な設備の状況は，以下のとおりであります。

（1）　提出会社

事業所名 (所在地)	セグメントの名称	設備の内容	帳簿価額(百万円)						従業員数 (人)
			建物及び構築物	機械装置及び運搬具	土地 (面積千㎡)	リース資産	その他	合計	
堺製作所 (堺市北区)	空調・冷凍機事業	生産設備	10,133	12,266	6,118 (224)	196	1,515	30,230	1,688
滋賀製作所 (滋賀県草津市)	空調・冷凍機事業	生産設備	4,950	7,661	2,313 (294)	126	855	15,908	1,283
淀川製作所 (大阪府摂津市)	空調・冷凍機、化学、その他事業	生産及び研究開発設備	26,696	19,989	1,026 (410)	50	6,390	54,153	2,332
鹿島製作所 (茨城県神栖市)	化学事業	生産設備	4,208	8,399	4,173 (250)	5	1,947	18,735	151

(2) 国内子会社

会社名 (所在地)	セグメントの名称	設備の内容	帳簿価額(百万円)						従業員数(人)
			建物及び構築物	機械装置及び運搬具	土地(面積千㎡)	リース資産	その他	合計	
㈱ダイキンアプライドシステムズ (東京都港区)	空調・冷凍機事業	営業及び生産設備	289	21	673 (2)	110	37	1,132	552
ダイキンエアテクノ㈱ (東京都墨田区)	空調・冷凍機事業	営業設備	196	—	77 (1)	201	293	768	1,161
ダイキンHVACソリューション東京㈱ (東京都渋谷区) ほか11社	空調・冷凍機事業	営業設備	1,050	190	209 (15)	871	325	2,647	2,196
日本無機㈱ (東京都台東区)	空調・冷凍機事業	営業及び生産設備	1,301	713	268 (97)	—	159	2,443	352
東邦化成㈱ (奈良県大和郡山市)	化学事業	営業及び生産設備	735	753	281 (10)	30	294	2,095	259
ダイキン・ザウアーダンフォス㈱ (大阪府摂津市)	その他事業	営業及び生産設備	45	1,261	—	0	267	1,574	153

(3) 在外子会社 ・・

会社名 (所在地)	セグメントの 名称	設備の 内容	帳簿価額(百万円)					従業員数 (人)
			建物及び 構築物	機械装置 及び運搬具	土地 (面積千㎡)	その他	合計	
大金空調(上海)有限公司 (中華人民共和国上海市)	空調・冷凍 機事業	生産設備	6,723	5,514	1,470 (197)	4,180	17,888	2,499
大金機電設備(蘇州)有限公司 (中華人民共和国蘇州市)	空調・冷凍 機事業	生産設備	4,385	8,175	139 (147)	5,092	17,793	1,996
ダイキン エアコンディショニング インディア プライベート リミテッド (インド共和国ラジャスタン州)	空調・冷凍 機事業	営業及び 生産設備	3,515	3,734	2,643 (562)	18,599	28,493	3,153
ダイキン インダストリーズ(タイランド)リミテッド (タイ王国チョンブリ県)	空調・冷凍 機事業	生産設備	4,534	6,911	1,714 (251)	3,884	17,044	2,712
ダイキン コンプレッサー インダストリーズ リミテッド (タイ王国ラヨン県)	空調・冷凍 機事業	生産設備	2,068	12,314	686 (152)	5,354	20,424	1,249
アメリカン エアフィルター カンパニー インク (アメリカ合衆国ケンタッキー州)	空調・冷凍 機事業	営業及び 生産設備	10,381	5,870	1,221 (1,075)	3,480	20,955	4,168
ダイキン ヨーロッパ エヌ ブイ (ベルギー王国オステンド市)	空調・冷凍 機事業	営業及び 生産設備	30,949	30,152	9,045 (1,146)	27,024	97,172	11,582
ダイキン アプライド アメリカズ インク(アメリカ合衆国ミネソタ州)	空調・冷凍 機事業	生産設備	24,093	17,378	473 (1,040)	11,436	53,382	3,796
ダイキン コンフォート テクノロジーズ ノース アメリカ インク (アメリカ合衆国テキサス州)	空調・冷凍 機事業	営業及び 生産設備	99,199	41,902	3,956 (2,123)	10,070	155,129	13,717
大金フッ素化学(中国)有限公司 (中華人民共和国常熟市)	化学事業	生産設備	15,573	29,791	2,302 (648)	9,174	56,841	1,135
ダイキン アメリカ インク (アメリカ合衆国アラバマ州)	化学事業	営業及び 生産設備	9,381	15,256	676 (837)	17,147	42,462	556

(注) 1 帳簿価額のうち「その他」は,工具,器具及び備品,建設仮勘定の合計であります。
   2 ダイキン エアコンディショニング インディア プライベート リミテッド,アメリカン エアフィルター カンパニー インク,ダイキン ヨーロッパ エヌブイ,ダイキン コンフォート テクノロジーズ ノース アメリカ インク,大金フッ素化学(中国)有限公司及びダイキン アメリカ インクについては子会社を含めて記載しております。
   3 従業員数には当社からの出向人員は含んでおりません。
   4 現在休止中の主要な設備はありません。
   5 リース契約により使用している主な設備は,建物,土地,乗用車等です。

3 設備の新設，除却等の計画

当連結会計年度後1年間（2023年度）の設備投資計画は3,150億円であり，内訳は次のとおりであります。

セグメントの名称	2023年度計画金額 （百万円）	主な内容・目的	資金調達方法
空調・冷凍機事業	255,500	空調・冷凍機の新製品生産及び増産	銀行借入金及び 自己資金
化学事業	51,500	フッ素化学製品の新製品生産及び増産	銀行借入金及び 自己資金
その他	8,000	油圧機器の新製品生産及び合理化、電子システム事業のソフトウエア開発及び機能強化	銀行借入金及び 自己資金

提出会社の状況

1 株式等の状況

（1） 株式の総数等 ....

① 株式の総数

種類	発行可能株式総数（株）
普通株式	500,000,000
計	500,000,000

② 発行済株式

種類	事業年度末現在 発行数（株） （2023年3月31日）	提出日現在 発行数（株） （2023年6月29日）	上場金融商品取引所 名又は登録認可金融 商品取引業協会名	内容
普通株式	293,113,973	293,113,973	東京証券取引所 プライム市場	単元株式数は100株 であります。
計	293,113,973	293,113,973	―	―

経理の状況

1 連結財務諸表及び財務諸表の作成方法について

(1) 当社の連結財務諸表は，「連結財務諸表の用語，様式及び作成方法に関する規則」（1976年大蔵省令第28号）に基づいて作成しております。

(2) 当社の財務諸表は，「財務諸表等の用語，様式及び作成方法に関する規則」（1963年大蔵省令第59号）に基づいて作成しております。

2 監査証明について ··

当社は，金融商品取引法第193条の2第1項の規定に基づき，連結会計年度（自2022年4月1日至2023年3月31日）及び事業年度（自2022年4月1日至2023年3月31日）の連結財務諸表及び財務諸表について，有限責任監査法人トーマツにより監査を受けております。

3 連結財務諸表等の適正性を確保するための特段の取組みについて ··············

当社は，連結財務諸表等の適正性を確保するための特段の取組みとして，公益財団法人財務会計基準機構へ加入し，同機構や監査法人等が主催する研修会に参加することで，会計基準等の内容を適切に把握し，又は会計基準等の変更等について的確に対応することができる体制を整備しております。

1 連結財務諸表等

(1) 連結財務諸表 ‥‥‥‥‥‥‥‥‥‥‥‥‥‥‥‥‥‥‥‥‥‥‥‥‥‥‥

① 連結貸借対照表

（単位：百万円）

	前連結会計年度 （2022年3月31日）	当連結会計年度 （2023年3月31日）
資産の部		
流動資産		
現金及び預金	※4 817,619	※4 617,663
受取手形、売掛金及び契約資産	※1,※4 595,076	※1,※4 706,315
商品及び製品	450,974	668,310
仕掛品	44,931	65,518
原材料及び貯蔵品	175,556	259,555
その他	98,392	128,901
貸倒引当金	△16,928	△19,180
流動資産合計	2,165,623	2,427,082
固定資産		
有形固定資産		
建物及び構築物（純額）	※4 302,601	350,102
機械装置及び運搬具（純額）	※4 225,064	277,460
土地	※4 64,665	71,309
リース資産（純額）	3,832	4,692
建設仮勘定	※4 94,706	139,715
その他（純額）	※4 52,493	57,664
有形固定資産合計	※2 743,364	※2 900,944
無形固定資産		
のれん	270,467	304,331
顧客関連資産	202,223	237,220
その他	104,316	116,901
無形固定資産合計	577,007	658,454
投資その他の資産		
投資有価証券	※3,※4 200,187	※3,※4 169,602
長期貸付金	668	744
繰延税金資産	41,665	41,011
退職給付に係る資産	26,332	23,189
その他	※3 69,465	※3 83,168
貸倒引当金	△1,275	△516
投資その他の資産合計	337,042	317,200
固定資産合計	1,657,414	1,876,599
資産合計	3,823,038	4,303,682

	前連結会計年度 （2022年3月31日）	当連結会計年度 （2023年3月31日）
負債の部		
流動負債		
支払手形及び買掛金	302,621	352,647
短期借入金	97,376	293,541
コマーシャル・ペーパー	－	79,000
1年内償還予定の社債	30,000	20,000
1年内返済予定の長期借入金	334,528	53,900
リース債務	25,876	30,442
未払法人税等	36,745	37,726
役員賞与引当金	354	377
製品保証引当金	72,443	85,528
未払費用	206,002	247,491
その他	※5 200,290	※5 248,663
流動負債合計	1,306,239	1,449,321
固定負債		
社債	120,000	140,000
長期借入金	140,526	174,148
リース債務	76,508	96,597
繰延税金負債	121,353	103,554
退職給付に係る負債	16,116	18,176
その他	※5 35,144	※5 42,789
固定負債合計	509,649	575,266
負債合計	1,815,888	2,024,587
純資産の部		
株主資本		
資本金	85,032	85,032
資本剰余金	83,834	79,478
利益剰余金	1,529,147	1,712,165
自己株式	△1,846	△1,676
株主資本合計	1,696,167	1,874,999
その他の包括利益累計額		
その他有価証券評価差額金	59,534	51,980
繰延ヘッジ損益	3,436	459
為替換算調整勘定	212,278	315,392
退職給付に係る調整累計額	△2,691	△7,801
その他の包括利益累計額合計	272,558	360,031
新株予約権	2,546	3,116
非支配株主持分	35,876	40,947
純資産合計	2,007,149	2,279,095
負債純資産合計	3,823,038	4,303,682

② 連結損益計算書及び連結包括利益計算書

連結損益計算書

(単位：百万円)

	前連結会計年度 (自 2021年4月1日 至 2022年3月31日)	当連結会計年度 (自 2022年4月1日 至 2023年3月31日)
売上高	※1 3,109,106	※1 3,981,578
売上原価	※3,※4 2,051,767	※3,※4 2,650,102
売上総利益	1,057,338	1,331,476
販売費及び一般管理費	※2,※3 740,987	※2,※3 954,443
営業利益	316,350	377,032
営業外収益		
受取利息	8,186	11,563
受取配当金	4,702	5,417
持分法による投資利益	1,401	1,697
為替差益	4,492	3,795
補助金収入	2,192	3,212
その他	2,387	3,373
営業外収益合計	23,363	29,061
営業外費用		
支払利息	8,824	20,293
和解金	—	4,240
インフレ会計調整額	—	8,541
その他	3,392	6,773
営業外費用合計	12,216	39,849
経常利益	327,496	366,245
特別利益		
土地売却益	311	—
投資有価証券売却益	5,749	16,085
関係会社出資金売却益	226	—
関係会社清算益	18	475
新株予約権戻入益	—	5
保険差益	—	933
特別利益合計	6,306	17,500
特別損失		
固定資産処分損	※5 581	※5 1,036
土地売却損	65	10
投資有価証券評価損	307	343
関係会社株式売却損	32	1
関係会社清算損	—	93
関係会社整理損	—	293
減損損失	※6 3,667	※6 8,582
災害による損失	1,091	—
その他	0	—
特別損失合計	5,746	10,361
税金等調整前当期純利益	328,056	373,384
法人税、住民税及び事業税	110,657	128,378
法人税等調整額	△7,870	△20,436
法人税等合計	102,786	107,941
当期純利益	225,269	265,443
非支配株主に帰属する当期純利益	7,560	7,688
親会社株主に帰属する当期純利益	217,709	257,754

連結包括利益計算書

（単位：百万円）

	前連結会計年度 （自 2021年4月1日 至 2022年3月31日）	当連結会計年度 （自 2022年4月1日 至 2023年3月31日）
当期純利益	225,269	265,443
その他の包括利益		
その他有価証券評価差額金	△9,165	△7,555
繰延ヘッジ損益	2,143	△2,976
為替換算調整勘定	143,222	103,267
退職給付に係る調整額	1,825	△5,123
持分法適用会社に対する持分相当額	2,844	1,174
その他の包括利益合計	※1　140,871	※1　88,785
包括利益	366,141	354,228
（内訳）		
親会社株主に係る包括利益	355,319	345,227
非支配株主に係る包括利益	10,821	9,001

③ 連結株主資本等変動計算書

前連結会計年度（自　2021年4月1日　至　2022年3月31日）

（単位：百万円）

	株主資本				
	資本金	資本剰余金	利益剰余金	自己株式	株主資本合計
当期首残高	85,032	84,214	1,363,505	△2,012	1,530,740
会計方針の変更による累積的影響額			△960		△960
会計方針の変更を反映した当期首残高	85,032	84,214	1,362,545	△2,012	1,529,779
当期変動額					
剰余金の配当			△49,752		△49,752
親会社株主に帰属する当期純利益			217,709		217,709
連結子会社の決算期変更に伴う増減			△1,354		△1,354
自己株式の取得				△7	△7
自己株式の処分		265		172	438
非支配株主との取引に係る親会社の持分変動		△646			△646
株主資本以外の項目の当期変動額（純額）					
当期変動額合計	－	△380	166,602	165	166,388
当期末残高	85,032	83,834	1,529,147	△1,846	1,696,167

	その他の包括利益累計額					新株予約権	非支配株主持分	純資産合計
	その他有価証券評価差額金	繰延ヘッジ損益	為替換算調整勘定	退職給付に係る調整累計額	その他の包括利益累計額合計			
当期首残高	68,699	1,292	69,470	△4,513	134,948	2,019	30,787	1,698,495
会計方針の変更による累積的影響額								△960
会計方針の変更を反映した当期首残高	68,699	1,292	69,470	△4,513	134,948	2,019	30,787	1,697,534
当期変動額								
剰余金の配当								△49,752
親会社株主に帰属する当期純利益								217,709
連結子会社の決算期変更に伴う増減								△1,354
自己株式の取得								△7
自己株式の処分								438
非支配株主との取引に係る親会社の持分変動								△646
株主資本以外の項目の当期変動額（純額）	△9,164	2,143	142,808	1,822	137,610	527	5,089	143,226
当期変動額合計	△9,164	2,143	142,808	1,822	137,610	527	5,089	309,614
当期末残高	59,534	3,436	212,278	△2,691	272,558	2,546	35,876	2,007,149

当連結会計年度（自　2022年4月1日　至　2023年3月31日）

（単位：百万円）

	株主資本				
	資本金	資本剰余金	利益剰余金	自己株式	株主資本合計
当期首残高	85,032	83,834	1,529,147	△1,846	1,696,167
超インフレの調整額			△13,070		△13,070
超インフレの調整額を反映した当期首残高	85,032	83,834	1,516,076	△1,846	1,683,097
当期変動額					
剰余金の配当			△61,468		△61,468
親会社株主に帰属する当期純利益			257,754		257,754
連結子会社の決算期変更に伴う増減			△197		△197
自己株式の取得				△5	△5
自己株式の処分		317		175	492
非支配株主との取引に係る親会社の持分変動		△4,673			△4,673
株主資本以外の項目の当期変動額（純額）					
当期変動額合計	－	△4,356	196,089	170	191,902
当期末残高	85,032	79,478	1,712,165	△1,676	1,874,999

	その他の包括利益累計額					新株予約権	非支配株主持分	純資産合計
	その他有価証券評価差額金	繰延ヘッジ損益	為替換算調整勘定	退職給付に係る調整累計額	その他の包括利益累計額合計			
当期首残高	59,534	3,436	212,278	△2,691	272,558	2,546	35,876	2,007,149
超インフレの調整額								△13,070
超インフレの調整額を反映した当期首残高	59,534	3,436	212,278	△2,691	272,558	2,546	35,876	1,994,078
当期変動額								
剰余金の配当								△61,468
親会社株主に帰属する当期純利益								257,754
連結子会社の決算期変更に伴う増減								△197
自己株式の取得								△5
自己株式の処分								492
非支配株主との取引に係る親会社の持分変動								△4,673
株主資本以外の項目の当期変動額（純額）	△7,554	△2,976	103,114	△5,110	87,472	569	5,071	93,113
当期変動額合計	△7,554	△2,976	103,114	△5,110	87,472	569	5,071	285,016
当期末残高	51,980	459	315,392	△7,801	360,031	3,116	40,947	2,279,095

④ 連結キャッシュ・フロー計算書

（単位：百万円）

	前連結会計年度 （自 2021年4月1日 至 2022年3月31日）	当連結会計年度 （自 2022年4月1日 至 2023年3月31日）
営業活動によるキャッシュ・フロー		
税金等調整前当期純利益	328,056	373,384
減価償却費	115,378	142,728
減損損失	3,667	8,582
のれん償却額	32,684	39,496
貸倒引当金の増減額（△は減少）	2,003	391
受取利息及び受取配当金	△12,888	△16,981
支払利息	8,824	20,293
持分法による投資損益（△は益）	△1,401	△1,697
固定資産処分損益（△は益）	581	1,036
投資有価証券売却損益（△は益）	△5,749	△16,085
投資有価証券評価損益（△は益）	307	343
売上債権の増減額（△は増加）	△76,684	△61,814
棚卸資産の増減額（△は増加）	△151,026	△267,554
仕入債務の増減額（△は減少）	45,539	24,178
未払金の増減額（△は減少）	10,097	1,434
未払費用の増減額（△は減少）	34,086	25,279
退職給付に係る負債の増減額（△は減少）	822	858
退職給付に係る資産の増減額（△は増加）	△6,316	3,265
その他	9,662	11,693
小計	337,646	288,831
利息及び配当金の受取額	12,998	18,257
利息の支払額	△8,837	△20,483
法人税等の支払額	△96,736	△127,708
営業活動によるキャッシュ・フロー	245,071	158,896
投資活動によるキャッシュ・フロー		
有形固定資産の取得による支出	△114,106	△175,076
有形固定資産の売却による収入	5,345	6,857
投資有価証券の取得による支出	△1,593	△2,776
投資有価証券の売却による収入	8,883	40,592
関係会社株式の取得による支出	－	△909
事業譲渡による収入	437	－
事業譲受による支出	△2,379	△5,496
連結の範囲の変更を伴う子会社株式の取得による支出	△14,500	△63,993
連結の範囲の変更を伴う子会社出資金の取得による支出	△28,229	△41,162
定期預金の増減額（△は増加）	△14,185	31,967
その他	△20,461	△19,797
投資活動によるキャッシュ・フロー	△180,789	△229,793

	前連結会計年度 （自 2021年4月1日 至 2022年3月31日）	当連結会計年度 （自 2022年4月1日 至 2023年3月31日）
財務活動によるキャッシュ・フロー		
短期借入金の純増減額（△は減少）	57,048	270,217
長期借入れによる収入	48,460	76,116
長期借入金の返済による支出	△79,575	△357,476
社債の発行による収入	19,909	39,837
社債の償還による支出	△10,000	△30,000
配当金の支払額	△49,746	△61,468
非支配株主からの払込みによる収入	1,585	5,602
非支配株主への配当金の支払額	△7,806	△8,145
リース債務の返済による支出	△27,507	△40,953
その他	△1,064	△6,818
財務活動によるキャッシュ・フロー	△48,698	△113,088
現金及び現金同等物に係る換算差額	41,538	14,996
現金及び現金同等物の増減額（△は減少）	57,122	△168,989
現金及び現金同等物の期首残高	662,267	717,802
連結子会社の決算期変更に伴う現金及び現金同等物の増減額（△は減少）	△1,586	△570
現金及び現金同等物の期末残高	717,802	548,242

【注記事項】

（連結財務諸表作成のための基本となる重要な事項）

1　連結の範囲に関する事項 ··

1)　連結子会社の数は合計347社であります。

　主要な連結子会社名は，「第1　企業の概況4.　関係会社の状況」に記載しているため，省略しております。

　なお，当連結会計年度中における連結子会社の増減は，次のとおりであります。

（増加）

　買収によるもの

　　ビーアイシーティー エンジニアリング センディリアン バハッド，ビーアイシーティー エンジニアリング サウス センディリアン バハッド，シーコム グループ インク及びその子会社3社，デュプロマティック エムエス エスピーエイ及びその子会社14社，シーエムスリー ビルディング ソリューションズ インク，ベンスター エルエルシー及びその子会社1社，ウィリアムズ ディストリビューティング コーポレーション，ランディ エスピーエイ，アライアンス エア プロダクツ エルエルシー及びその子会社2社新設によるものダ

イキン マニュファクチャリング ポーランド エスピー ゼットオーオー，大金
清研先進科技（恵州）有限公司，ピーティー ダイキン インダストリーズ イ
ンドネシア，大金空調（恵州）有限公司

（減少）

連結子会社同士の合併によるもの

ダイキン ホールディングス ヒューストン インク，AHT メンゼル サービシー
ズ ゲーエムベーハー，エレクトロクービッシュ ゲーエムベーハー

清算によるもの

麦克維尓空調（上海）有限公司，ザノッティ トランスブロック ユーエスエイ
コーポレーション，AHT クーリング システムズ アジア リミテッド，AAF
エスエイ，ザノッティ ドイチュランド ゲーエムベーハー

2) 非連結子会社は，共栄化成工業（株）及びその他5社の合計6社であります。

3) 非連結子会社の総資産，売上高，純利益及び利益剰余金等は，それぞれ連
結総資産，連結売上高，連結純利益及び連結利益剰余金等に及ぼす影響が軽
微であり，かつ，全体としても重要性がないため連結の範囲から除いております。

2 持分法の適用に関する事項 ....

1) 持分法の適用会社は，非連結子会社及び関連会社のうち珠海格力大金機電
設備有限公司ほか15社の合計16社であります。

なお，当連結会計年度中における持分法適用会社の増減は，次のとおりであ
ります。

（増加）

買収によるもの

デュプロマティック ミドルイースト エレクトロメカニカル エキップメント
インストレーション アンド メンテナンス エルエルシー，ターチェス エス
アールエル

新設によるもの

シンガポール ディストリクト クーリング エイエムケイ ピーティーイー リ
ミテッド

（減少）

  清算によるもの

   ザノッティ ミドルイースト エルエルシー

  持分の売却によるもの

   ザノッティ リフリジレーション エスアールエル

2） 持分法を適用していない非連結子会社及び関連会社は，次のとおりであります。

 非連結子会社 共栄化成工業（株）及びその他5社の合計6社であります。

 関連会社   ダイミクス（株）及びその他7社の合計8社であります。

3） 持分法を適用していない非連結子会社及び関連会社に対する投資については，それぞれ連結純利益及び連結利益剰余金等に及ぼす影響が軽微であり，かつ，全体としても重要性がないため，原価法により評価しております。

3 連結子会社の事業年度等に関する事項

 連結子会社のうち，決算日が連結決算日と異なる会社は107社あります。連結財務諸表の作成にあたって，4社については1月31日，9社については2月28日，78社については3月31日で仮決算を実施し，同日現在の財務諸表を用いております。また，16社については12月31日現在の財務諸表を用いており，連結決算日との間に生じた重要な取引については連結上必要な調整を行っております。なお，ダイキン コンパウンディング イタリア エスピーエイについては，当連結会計年度より決算日を12月31日から3月31日に変更し，グルーポ シブサ エスエイ デ シーブイ他16社については決算日を2月28日から3月31日に変更したため，ダイキン コンパウンディング イタリア エスピーエイについては15ヶ月決算，グルーポ シブサ エスエイ デ シーブイ他16社については13カ月決算となっておりますが，連結損益計算書には12ヶ月分を反映し，ダイキン コンパウンディング イタリア エスピーエイの3ヶ月分の利益剰余金及びグルーポ シブサ エスエイ デ シーブイ他16社の1カ月分の利益剰余金の変動については，連結株主資本等変動計算書の「連結子会社の決算期変更に伴う増減」に反映しております。

⟨point⟩ **財務諸表**

 この項目では，連結ではなく単体の貸借対照表と，損益計算書の内訳を確認することができる。連結＝単体＋子会社なので，会社によっては単体の業績を調べて連結全体の業績予想のヒントにする場合があるが，あまりその必要性がある企業は多くない。

4 会計方針に関する事項 ・・・

1）重要な資産の評価基準及び評価方法

① 有価証券

その他有価証券

市場価格のない株式等以外のもの

時価法（評価差額は全部純資産直入法により処理し，売却原価は主として移動平均法により算定しております。）

市場価格のない株式等

主として移動平均法による原価法

投資事業有限責任組合及びそれに類する組合への出資（金融商品取引法第2条第2項により有価証券とみなされるもの）

組合契約に規定される決算報告日に応じて入手可能な最近の決算書を基礎とし，持分相当額を純額で取り込む方法によっております。

② デリバティブ

時価法

③ 棚卸資産

国内会社については，主として総平均法による原価法（収益性の低下による簿価切下げの方法）によっており，在外子会社については，主として総平均法による低価法によっております。

2）重要な減価償却資産の減価償却の方法

① 有形固定資産（リース資産を除く）

定額法を採用しております。

なお，主な耐用年数は以下のとおりであります。

建物及び構築物　15年〜50年

機械装置及び運搬具　5年〜15年

② 無形固定資産

定額法を採用しております。なお，市場販売目的のソフトウエアについては，販売可能有効期間（3年）に基づく定額法によっております。また，顧客関連資

産については，効果の及ぶ期間（主として30年）に基づく定額法によっております。

③　リース資産

　所有権移転外ファイナンス・リース取引に係るリース資産は，リース期間を耐用年数とし，残存価額を零とする定額法を採用しております。

3)　重要な引当金の計上基準

① 　貸倒引当金

　債権の貸倒れによる損失に備えるため，一般債権については貸倒実績率により，貸倒懸念債権等特定の債権については個別に回収可能性を検討し，回収不能見込額を計上しております。

②　役員賞与引当金

　役員賞与の支出に備えて，当連結会計年度末における支給見込額に基づき計上しております。

③　製品保証引当金

　販売ずみの製品の無償修理費用にあてるため，過去の実績を基礎に将来の保証見込みを加味して計上しております。

4)　退職給付に係る会計処理の方法

① 　退職給付見込額の期間帰属方法

　退職給付債務の算定にあたり，退職給付見込額を当連結会計年度末までの期間に帰属させる方法については，給付算定式基準によっております。

②　数理計算上の差異及び過去勤務費用の費用処理方法

　数理計算上の差異は，各連結会計年度の発生時における従業員の平均残存勤務期間以内の一定の年数（主として10年）による定額法により費用処理することとしております。

　過去勤務費用は，その発生時の従業員の平均残存勤務期間以内の一定の年数（主として10年）による定額法により費用処理しております。

③　小規模企業等における簡便法の採用

　当社及び連結子会社の従業員の一部については，退職給付に係る負債及び退職

給付費用の計算に，内規に基づく連結会計年度末要支給額の全額を退職給付債務とする方法を用いており，一部の連結子会社については，連結会計年度末自己都合要支給額を退職給付債務とする方法を用いた簡便法を適用しております。

5) 重要な収益及び費用の計上基準

　当社グループは，主として住宅用・業務用・舶用等の空調・冷凍機，フッ素製品等の化学製品，油圧機器等の油機関連製品，防衛省向け砲弾・誘導弾用部品等の特機関連製品，電子システム関連製品の製造・販売を行っております。当社グループでは，主に完成した製品を顧客に引き渡すことを履行義務として識別しており，原則として，契約条件等に基づき納品日等において当該製品に対する支配が顧客に移転することにより履行義務が充足されると判断し，当該時点で収益を認識しております。この他，当社グループでは工事請負又は保守サービス等の役務の提供を行っており，一定の期間にわたり顧客に財又はサービスの支配の移転が行われ当社グループが履行義務を充足することから，原則として，その進捗度又は期間に応じて収益を認識しております。収益は，顧客との契約において約束された対価から，値引き，リベート等を控除した金額で測定しております。製品の販売契約における対価は，顧客へ製品を引き渡した時点から主として1年以内に回収しております。なお，重要な金融要素は含んでおりません。

6) 重要なヘッジ会計の方法
① ヘッジ会計の方法

　当社グループにおいては，原則として繰延ヘッジ処理を採用しております。また，振当処理の要件を満たす為替予約等については，振当処理を行っております。なお，特例処理の要件を満たす金利スワップについては，特例処理を採用しております。

② ヘッジ手段とヘッジ対象

　当社グループでは，為替変動リスクに対しては，為替予約，通貨スワップ及び通貨オプションをヘッジ手段とし，外貨建金銭債権債務等の外貨建金融資産負債をヘッジ対象としております。また，金利変動リスクに対しては，金利スワップ

及び金利オプション等をヘッジ手段とし，銀行借入等の金融負債をヘッジ対象としております。さらに，原材料の市場価格変動リスクに対しては，商品先物取引をヘッジ手段とし，原材料の購入価格をヘッジ対象としております。

③　ヘッジ方針及びヘッジ有効性評価の方法

　当社グループのリスク管理は，経営上多額な損失を被ることがないよう，資産・負債に係る為替変動リスクの回避及び支払金利の低減等のため効率的にデリバティブ取引が利用されているかに重点をおいて行われております。デリバティブのヘッジ機能の有効性については，定期的にテストを行っております。また，新たな種類のデリバティブ取引を開始する場合には事前に，当該デリバティブのヘッジ機能の有効性をテストし判定します。ヘッジ有効性の判定は，ヘッジ対象の相場変動又はキャッシュ・フロー変動の累計とヘッジ手段の相場変動又はキャッシュ・フロー変動の累計とを比較し行っております。また，必要に応じ，回帰分析等の手段を利用しております。当社の連結子会社においても同様のチェック体制で行っております。

7)　のれんの償却方法及び償却期間

　のれんの償却については，6年～20年間の均等償却を行っております。

8)　連結キャッシュ・フロー計算書における資金の範囲

　連結キャッシュ・フロー計算書における資金（現金及び現金同等物）は，手許現金，随時引き出し可能な預金及び容易に換金可能であり，かつ，価値の変動について僅少なリスクしか負わない取得日から3ヶ月以内に償還期限の到来する短期投資からなっております。

（重要な会計上の見積り）

（のれん及び無形固定資産の評価）

（1） 当連結会計年度の連結財務諸表に計上した金額 ·······························

（単位：百万円）

	前連結会計年度	当連結会計年度
のれん	270,467	304,331
顧客関連資産	202,223	237,220
その他の無形固定資産	104,316	116,901

（注） 「（会計方針の変更）」に記載のとおり，クラウド・コンピューティング契約におけるコンフィギュレーション又はカスタマイゼーションのコストについての会計方針の変更は遡及適用され，前連結会計年度については，遡及適用後の数値を記載しております。

主な内訳は以下のとおりであります。

（単位：百万円）

		前連結会計年度	当連結会計年度
ダイキン コンフォート テクノロジーズ ノース アメリカ インク	のれん	169,010	184,031
	顧客関連資産	119,143	134,055
	その他の無形固定資産	51,806	57,155
AHT クーリングシステムズ ゲーエムベーハー	のれん	22,790	17,812
	顧客関連資産	53,370	48,100
	その他の無形固定資産	30,572	31,789
OYL インダストリーズ バハッド（現 ダイキン マレーシア センディリアン バハッド他）	のれん	48,309	38,202

（2） 識別した項目に係る重要な会計上の見積りの内容に関する情報 ·············

のれん，顧客関連資産及びその他の無形固定資産（以下，「のれん等」という。）を評価するにあたり，のれん等の減損の兆候の有無を判定し，減損の兆候があると認められる場合，将来キャッシュ・フローに基づいて減損損失の認識の要否を判定しております。

減損の兆候には，継続的な営業赤字，経営環境の著しい悪化，事業計画との乖離等が含まれます。

将来キャッシュ・フローは，経営者によって承認された事業計画を基礎とし，それ以降の期間については将来の不確実性を考慮して見積っております。将来

キャッシュ・フローの見積りにおける重要な仮定は，事業計画及びそれ以降の期間における売上高成長率と利益率であります。また，将来キャッシュ・フローの割引現在価値を算定する際の重要な仮定は割引率であります。これらの仮定は将来の不確実な経済状況及び会社の経営状況の影響を受け，翌連結会計年度以降の連結財務諸表に重要な影響を与える可能性があります。一方で，継続的な業績のモニタリングを行っており，投資に対する回収が困難となる前に対策を講じるように努めております。

（会計方針の変更）
　（クラウド・コンピューティング契約にかかる導入費用）
　一部の在外連結子会社では国際財務報告基準（IFRS）を採用し，従来よりクラウド・コンピューティング契約におけるコンフィギュレーション又はカスタマイゼーションのコストについて，IAS第38号「無形資産」を適用し無形固定資産を認識しておりましたが，当連結会計年度より，2021年4月に公表されたIFRS解釈指針委員会のアジェンダ決定を踏まえて，コンフィギュレーション又はカスタマイゼーションのサービスを受領したときにそのコストを費用として認識する方法に変更しております。

　なお，当該会計方針の変更は遡及適用され，前連結会計年度末については遡及適用後の連結財務諸表となっております。

　この結果，遡及適用を行う前と比べて，前連結会計年度末の連結貸借対照表においては，無形固定資産が1,280百万円減少し，繰延税金資産が320百万円増加しております。また，前連結会計年度の期首の純資産に累積的影響額が反映されたことにより，利益剰余金は960百万円減少しております。なお，連結損益計算書に与える影響は軽微であります。

（未適用の会計基準等）
　・「法人税，住民税及び事業税等に関する会計基準」（企業会計基準第27号
　　2022年10月28日）
　・「包括利益の表示に関する会計基準」（企業会計基準第25号2022年10月

28日）
・「税効果会計に係る会計基準の適用指針」（企業会計基準適用指針第28号
2022年10月28日）

(1) 概要

その他の包括利益に対して課税される場合の法人税等の計上区分及びグルー
プ法人税制が適用される場合の子会社株式等の売却に係る税効果の取扱いを定
めるもの。

(2) 適用予定日

2025年3月期の期首より適用予定であります。

(3) 当該会計基準等の適用による影響

影響額は，当連結財務諸表の作成時において評価中であります。

（追加情報）

（新型コロナウイルス感染症の影響に関する会計上の見積り）

新型コロナウイルス感染症につきましては，今後の収束時期等を予測すること
は困難な状況でありますが，当社グループでは，ワクチンの普及や各国での経済
対策の効果等により社会活動や経済活動は緩やかに回復していくものと仮定し
て，固定資産の減損等の会計上の見積りを行っております。

（トルコ子会社における超インフレ会計の適用）

トルコにおける3年間の累積インフレ率が100％を超えたことを示したため，
当社グループは当連結会計年度の期首より，トルコ子会社の財務諸表について，
IAS第29号「超インフレ経済下における財務報告」に従った調整を実施した上で
連結しております。これに伴い，当該会計基準を適用した累積的影響額として，
当連結会計年度の期首の利益剰余金が13,070百万円減少しております。また，
当連結会計年度の正味貨幣持高にかかるインフレの影響は，「営業外費用」の「イ
ンフレ会計調整額」として表示しております。

2 財務諸表等

(1) 財務諸表 ···

① 貸借対照表

(単位：百万円)

	第119期 (2022年3月31日)	第120期 (2023年3月31日)
資産の部		
流動資産		
現金及び預金	287,602	40,689
受取手形	1,085	1,491
売掛金	※1 126,496	※1 132,848
商品及び製品	57,099	85,825
仕掛品	15,848	20,734
原材料及び貯蔵品	17,573	23,711
前払費用	2,891	2,211
関係会社短期貸付金	93,593	156,294
その他	67,218	32,191
貸倒引当金	△1	△1
流動資産合計	669,409	495,997
固定資産		
有形固定資産		
建物（純額）	62,272	65,269
構築物（純額）	6,697	6,606
機械及び装置（純額）	46,842	49,276
車両運搬具（純額）	83	110
工具、器具及び備品（純額）	13,102	13,974
土地	24,407	24,367
リース資産（純額）	745	672
建設仮勘定	9,951	17,595
有形固定資産合計	164,103	177,872
無形固定資産		
特許権	3,196	2,692
借地権	284	284
商標権	0	0
ソフトウエア	1,116	965
その他	197	185
無形固定資産合計	4,795	4,128

	第119期 （2022年3月31日）	第120期 （2023年3月31日）
投資その他の資産		
投資有価証券	※2 189,634	※2 157,336
関係会社株式	623,361	720,840
関係会社出資金	107,299	111,035
長期貸付金	97	120
従業員に対する長期貸付金	74	156
関係会社長期貸付金	34,806	33,534
長期前払費用	33	183
前払年金費用	14,502	17,027
繰延税金資産	－	3,453
その他	6,845	7,675
貸倒引当金	△443	△447
投資その他の資産合計	976,211	1,050,917
固定資産合計	1,145,111	1,232,919
資産合計	1,814,520	1,728,916
負債の部		
流動負債		
支払手形	4,008	4,611
買掛金	※1 52,534	※1 61,695
短期借入金	※1 63,038	※1 126,636
コマーシャル・ペーパー	－	79,000
1年内償還予定の社債	30,000	20,000
1年内返済予定の長期借入金	323,627	8,600
リース債務	※1 358	※1 291
未払金	※1 23,894	※1 29,808
未払費用	※1 12,092	※1 14,085
未払法人税等	16,274	6,146
契約負債	※1 1,585	※1 3,075
預り金	※1 81,689	※1 72,010
役員賞与引当金	354	377
製品保証引当金	5,745	5,969
設備関係支払手形	1,120	6,165
設備関係未払金	※1 8,983	※1 9,980
その他	1,080	523
流動負債合計	626,389	448,979
固定負債		
社債	120,000	140,000
長期借入金	38,207	40,536
リース債務	※1 462	※1 453
退職給付引当金	2,380	2,999
繰延税金負債	5,105	－
その他	771	1,105
固定負債合計	166,926	185,095
負債合計	793,316	634,074

	第119期 （2022年3月31日）	第120期 （2023年3月31日）
純資産の部		
株主資本		
資本金	85,032	85,032
資本剰余金		
資本準備金	82,977	82,977
その他資本剰余金	2,830	3,148
資本剰余金合計	85,808	86,125
利益剰余金		
利益準備金	6,066	6,066
その他利益剰余金		
固定資産圧縮積立金	3,853	3,847
特定株式取得積立金	104	353
別途積立金	146,210	146,210
繰越利益剰余金	633,462	714,526
利益剰余金合計	789,696	871,003
自己株式	△1,838	△1,667
株主資本合計	958,698	1,040,493
評価・換算差額等		
その他有価証券評価差額金	58,931	51,261
繰延ヘッジ損益	1,026	△29
評価・換算差額等合計	59,958	51,232
新株予約権	2,546	3,116
純資産合計	1,021,203	1,094,842
負債純資産合計	1,814,520	1,728,916

② 損益計算書

(単位：百万円)

	第119期 (自 2021年4月1日 至 2022年3月31日)		第120期 (自 2022年4月1日 至 2023年3月31日)	
売上高	※1	681,899	※1	763,994
売上原価				
製品期首棚卸高		47,191		57,099
当期製品製造原価	※1	464,746	※1	553,964
当期商品仕入高	※1	14,991	※1	17,880
合計		526,928		628,944
他勘定振替高	※2	594	※2	521
製品期末棚卸高		57,099		85,825
売上原価合計		469,234		542,597
売上総利益		212,664		221,397
販売費及び一般管理費	※3	152,616	※3	174,015
営業利益		60,048		47,382
営業外収益				
受取利息		1,562		6,995
有価証券利息		20		29
受取配当金	※1	108,018	※1	100,130
為替差益		4,615		4,028
その他		860		987
営業外収益合計		115,077		112,171
営業外費用				
支払利息		2,409		6,751
社債利息		570		645
デリバティブ評価損		589		312
和解金		－		3,408
その他		850		1,613
営業外費用合計		4,419		12,730
経常利益		170,705		146,822
特別利益				
投資有価証券売却益		5,568		16,085
関係会社出資金売却益		496		－
関係会社清算益		－		687
保険差益		－		2
新株予約権戻入益		－		5
特別利益合計		6,065		16,781
特別損失				
固定資産処分損	※4	186	※4	436
土地売却損		25		10
投資有価証券評価損		307		335
その他		0		－
特別損失合計		518		782
税引前当期純利益		176,252		162,821
法人税、住民税及び事業税		26,632		25,805
法人税等調整額		△4,180		△5,758
法人税等合計		22,452		20,046
当期純利益		153,800		142,775

③ 株主資本等変動計算書

第118期（自 2021年4月1日 至 2022年3月31日）

（単位：百万円）

	株主資本					
	資本金	資本剰余金			利益剰余金	
		資本準備金	その他資本剰余金	資本剰余金合計	利益準備金	その他利益剰余金 固定資産圧縮積立金
当期首残高	85,032	82,977	2,564	85,542	6,066	3,860
当期変動額						
剰余金の配当						
固定資産圧縮積立金の取崩						△6
特定株式取得積立金の積立						
当期純利益						
自己株式の取得						
自己株式の処分			265	265		
株主資本以外の項目の当期変動額（純額）						
当期変動額合計	－	－	265	265	－	△6
当期末残高	85,032	82,977	2,830	85,808	6,066	3,853

	株主資本					
	利益剰余金				自己株式	株主資本合計
	その他利益剰余金			利益剰余金合計		
	特定株式取得積立金	別途積立金	繰越利益剰余金			
当期首残高	86	146,210	529,425	685,648	△2,004	854,219
当期変動額						
剰余金の配当			△49,752	△49,752		△49,752
固定資産圧縮積立金の取崩			6	－		－
特定株式取得積立金の積立	17		△17	－		－
当期純利益			153,800	153,800		153,800
自己株式の取得					△6	△6
自己株式の処分					172	438
株主資本以外の項目の当期変動額（純額）						
当期変動額合計	17	－	104,036	104,047	166	104,479
当期末残高	104	146,210	633,462	789,696	△1,838	958,698

	評価・換算差額等			新株予約権	純資産合計
	その他 有価証券 評価差額金	繰延ヘッジ損益	評価・換算 差額等合計		
当期首残高	67,833	88	67,922	2,019	924,161
当期変動額					
剰余金の配当					△49,752
固定資産圧縮積立金の 取崩					－
特定株式取得積立金の 積立					－
当期純利益					153,800
自己株式の取得					△6
自己株式の処分					438
株主資本以外の項目の 当期変動額（純額）	△8,902	938	△7,964	527	△7,437
当期変動額合計	△8,902	938	△7,964	527	97,042
当期末残高	58,931	1,026	59,958	2,546	1,021,203

（単位：百万円）

	株主資本					
					利益剰余金	
		資本剰余金				その他利益剰余金
	資本金	資本準備金	その他資本剰余金	資本剰余金合計	利益準備金	固定資産圧縮積立金
当期首残高	85,032	82,977	2,830	85,808	6,066	3,853
当期変動額						
剰余金の配当						
固定資産圧縮積立金の取崩						△6
特定株式取得積立金の積立						
当期純利益						
自己株式の取得						
自己株式の処分			317	317		
株主資本以外の項目の当期変動額（純額）						
当期変動額合計	—	—	317	317	—	△6
当期末残高	85,032	82,977	3,148	86,125	6,066	3,847

	株主資本					
	利益剰余金				自己株式	株主資本合計
	その他利益剰余金			利益剰余金合計		
	特定株式取得積立金	別途積立金	繰越利益剰余金			
当期首残高	104	146,210	633,462	789,696	△1,838	958,698
当期変動額						
剰余金の配当			△61,468	△61,468		△61,468
固定資産圧縮積立金の取崩			6	—		—
特定株式取得積立金の積立	249		△249	—		—
当期純利益			142,775	142,775		142,775
自己株式の取得					△5	△5
自己株式の処分					175	492
株主資本以外の項目の当期変動額（純額）						
当期変動額合計	249	—	81,063	81,307	170	81,794
当期末残高	353	146,210	714,526	871,003	△1,667	1,040,493

	評価・換算差額等			新株予約権	純資産合計
	その他有価証券評価差額金	繰延ヘッジ損益	評価・換算差額等合計		
当期首残高	58,931	1,026	59,958	2,546	1,021,203
当期変動額					
剰余金の配当					△61,468
固定資産圧縮積立金の取崩					−
特定株式取得積立金の積立					−
当期純利益					142,775
自己株式の取得					△5
自己株式の処分					492
株主資本以外の項目の当期変動額（純額）	△7,669	△1,056	△8,726	569	△8,156
当期変動額合計	△7,669	△1,056	△8,726	569	73,638
当期末残高	51,261	△29	51,232	3,116	1,094,842

【注記事項】

（重要な会計方針）

1　有価証券の評価基準及び評価方法 ……………………………………………

（1）　子会社株式及び関連会社株式 ………………………………………………

　移動平均法による原価法

（2）　その他有価証券 ……………………………………………………………

　市場価格のない株式等以外のもの

　　時価法（評価差額は全部純資産直入法により処理し，売却原価は移動平均法
　　により算定しております。）

　市場価格のない株式等

　　移動平均法による原価法

　投資事業有限責任組合及びそれに類する組合への出資（金融商品取引法第2条
　第2項により有価証券とみなされるもの）

　　組合契約に規定される決算報告日に応じて入手可能な最近の決算書を基礎と
　　し，持分相当額を純額で取り込む方法によっております。

2　デリバティブ等の評価基準及び評価方法 ·························
デリバティブ

　時価法

3　棚卸資産の評価基準及び評価方法 ···························
　総平均法による原価法（収益性の低下による簿価切下げの方法）によっております。

4　固定資産の減価償却の方法 ·································
（1）　有形固定資産（リース資産を除く）·····················
　定額法を採用しております。

　なお，主な耐用年数は以下のとおりであります。

　　建物　　　　　　　　　15 〜 50 年

　　機械及び装置　　　　　7 〜 12 年

　　工具，器具及び備品　2 〜 6 年

（2）　無形固定資産 ···································
　定額法を採用しております。

　なお，市場販売目的のソフトウエアについては，販売可能有効期間（3年）に基づく定額法によっております。

（3）　リース資産 ···································
　所有権移転外ファイナンス・リース取引に係るリース資産は，リース期間を耐用年数とし，残存価額を零とする定額法を採用しております。

5　引当金の計上基準 ·······································
（1）　貸倒引当金 ···································
　債権の貸倒れによる損失に備えるため，一般債権については貸倒実績率により，貸倒懸念債権等特定の債権については個別に回収可能性を検討し，回収不能見込額を計上しております。

(2) 役員賞与引当金 ··

役員賞与の支出に備えて，当事業年度末における支給見込額に基づき計上しております。

(3) 製品保証引当金 ··

販売ずみ製品の無償修理費用にあてるため，過去の実績を基礎に将来の保証見込みを加味して計上しております。

(4) 退職給付引当金 ··

従業員の退職給付に備えるため，当事業年度末における退職給付債務及び年金資産の見込額に基づき計上しております。なお，従業員の一部については，内規に基づく期末要支給額の全額を計上しております。

① 退職給付見込額の期間帰属方法

退職給付債務の算定にあたり，退職給付見込額を当事業年度末までの期間に帰属させる方法については，給付算定式基準によっております。

② 数理計算上の差異及び過去勤務費用の費用処理方法

数理計算上の差異は，各事業年度の発生時における従業員の平均残存勤務期間以内の一定の年数（10年）による定額法により按分した額をそれぞれ発生の翌事業年度から費用処理しております。

過去勤務費用は，その発生時の従業員の平均残存勤務期間以内の一定の年数（10年）による定額法により費用処理しております。

6 収益及び費用の計上基準 ···

当社は主として住宅用・業務用・舶用等の空調・冷凍機，フッ素製品等の化学製品，油圧機器等の油機関連製品，防衛省向け砲弾・誘導弾用部品等の特機関連製品，電子システム関連製品の製造・販売を行っております。当社では，

主に完成した製品を顧客に引き渡すことを履行義務として識別しており，原則として，契約条件等に基づき納品日等において当該製品に対する支配が顧客に移転することにより履行義務が充足されると判断し，当該時点で収益を認識しております。この他，当社では保守サービス等の役務の提供を行っており，一定の期間にわたり顧客に財又はサービスの支配の移転が行われ当社が履行義務を充足す

ることから，原則として，その進捗度又は期間に応じて収益を認識しております。収益は，顧客との契約において約束された対価から，値引き，リベート等を控除した金額で測定しております。製品の販売契約における対価は，顧客へ製品を引き渡した時点から主として1年以内に回収しております。なお，重要な金融要素は含んでおりません。

7 ヘッジ会計の方法 ··

(1) ヘッジ会計の方法 ··

原則として繰延ヘッジ処理を採用しております。また，振当処理の要件を満たす為替予約等については，振当処理を行っております。なお，特例処理の要件を満たす金利スワップについては，特例処理を採用しております。

(2) ヘッジ手段とヘッジ対象 ···

当社は，為替変動リスクに対しては，為替予約，通貨スワップ及び通貨オプションをヘッジ手段とし，外貨建金銭債権債務等の外貨建金融資産負債をヘッジ対象としております。また，金利変動リスクに対しては，金利スワップ及び金利オプションをヘッジ手段とし，銀行借入等の金融負債をヘッジ対象としております。

(3) ヘッジ方針及びヘッジ有効性評価の方法 ··························

当社のリスク管理は，経営上多額な損失を被ることがないよう，資産・負債に係る為替変動リスクの回避及び支払金利の低減等のため効率的にデリバティブ取引が利用されているかに重点をおいて行われております。

当社においては，デリバティブ業務の取引限度額などリスク管理方法等を定めたリスク管理規程があり，この規程に基づいてデリバティブ取引及びリスク管理が行われております。デリバティブ取引業務は経理財務本部により行われ，日常のリスク管理は経営企画室により行われており，実施状況について定期的に取締役会への報告がなされております。

当社が保有するデリバティブのヘッジ機能の有効性については，定期的にテストを行っております。また，新たな種類のデリバティブ取引を開始する場合には事前に，当該デリバティブのヘッジ機能の有効性をテストし判定しております。ヘッジ有効性の判定は，ヘッジ対象の相場変動又はキャッシュ・フロー変動の累

計とヘッジ手段の相場変動又はキャッシュ・フロー変動の累計とを比較し行っております。また，必要に応じ，回帰分析等の手段を利用しております。

8 その他財務諸表作成のための重要な事項 ···

　退職給付に係る会計処理退職給付に係る未認識数理計算上の差異，未認識過去勤務費用の会計処理の方法は，連結財務諸表におけるこれらの会計処理の方法と異なっております。

第2章

電気機器業界の
"今"を知ろう

企業の募集情報は手に入れた。しかし,それだけでは
まだ不十分。企業単位ではなく,業界全体を俯瞰する
視点は,面接などでもよく問われる重要ポイントだ。
この章では直近1年間の運輸業界を象徴する重大
ニュースをまとめるとともに,今後の展望について言
及している。また,章末には運輸業界における有名企
業(一部抜粋)のリストも記載してあるので,今後の就
職活動の参考にしてほしい。

▶▶かつての「お家芸」，復権なるか
電気機器 業界の動向

「電気機器」は，電気機器の製造に関わる業態である。インフラやプラントを手掛ける「重電」と，家庭用の洗濯機や冷蔵庫といった「家電」など，取り扱う製品によって大きく分類される。

❖ 総合電機メーカーの動向

　電機産業は，自動車とともに日本の製造業を支えてきた重要な柱である。日立・東芝・三菱電機・ソニー・パナソニック・シャープ・NEC・富士通の，電機大手8社の売上合計は50兆円迫る。

　かつては日本ブランドの象徴として，経済成長を支えてきた電機メーカーだが，2000年代に入り収益が悪化，リーマンショック以降，2017年まで売上は減少を続けてきた。低迷の理由としては，日本からの経済支援，技術供与などで中国や韓国のメーカーが急成長を果たし，個人向け電化製品（白モノ家電）や情報端末などで国産メーカーの価格競争力が低下したこと。また，日本の大手は発電設備などの重電からテレビ，白モノ家電に至るまで何でも手掛ける総合メーカーであるため，資本や技術が分散し，効率的な展開ができなかったことがあげられる。2008年以降の10年間で，売上を伸ばしたのは三菱電機のみ，純利益累計が黒字なのは，三菱，日立，富士通のわずか3社のみという厳しい市況から，各社とも経営改善に向けて，不採算事業の整理，優良事業の拡大など，構造転換を積極的に進めている。

●復活を目指す東芝，シャープ，パナソニック

　東芝は，2015年の不正会計発覚，2016年度の米原子力事業子会社の法的整理に伴う大幅な赤字から，2017年には優良資産である半導体メモリ事業を売却して精算を行い，社会インフラ事業，メモリ以外の半導体事業，ICT（情報通信）事業の主要3部門を分社化した。今後は，各事業で経営の自立性や機動力を高め，経営再建に向けて競争力を強化していく。また，

2016年には白モノ家電事業を中国の美的集団（マイディア）に，2017年にはテレビ事業を手がける傘下の東芝映像ソリューションを中国の海信集団（ハイセンス）に，2018年にはパソコン事業をシャープに売却をしており，事業を整理しつつ収益改善に動いている。

東芝からパソコン事業を買い取り，同市場へ再参入を果たしたシャープは，2016年に台湾の鴻海（ホンハイ）精密工業に買収され，子会社となったあと，厳格なコスト削減を実施。親会社である鴻海の強みを活かしたパソコン事業のほか，長年培ってきた技術をもとに欧州で高級テレビ事業に参入するなど，新たな取り組みを行っており，2018年3月期には4年ぶりに黒字化を果たした。好採算の空気清浄機や調理家電が強みとなっている。

2011年に業績不振に陥ったパナソニックは，コンシューマー向け主体から企業向け主体へと方向転換をしており，自動車の電子化・電動化を見据えて，車載事業への取り組みを強化している。2017年10月には電気自動車（EV）に搭載するリチウムイオン電池の生産拠点を一斉に増産し，生産規模を2倍にした。2021年度の売上高は3兆6476円と国内では圧倒的な存在感を誇る。また，戦略投資としてM&Aなどに1兆円を投じ，海外においては，2015年に自動車部品メーカーであるスペインのフィコサ・インターナショナルの株式49％を取得，2016年には米国の業務用冷凍・冷蔵ショーケースメーカー・ハスマンの全株式を取得し，米国で食品流通事業を強化した。2017年には欧州の物流ソリューション会社のゼテス・インダストリーズの株式57.01％を取得している。国内でも，2017年には住宅事業を手がけるパナホームを完全子会社化するなど，活発な買収，再編を実施している。

●資源の集中，優良事業を拡大させる日立，三菱，ソニー

日立製作所は，2008年度に出した7873億円の純損失を機に，事業の選択を行い，社会インフラ事業に集中した。その結果，2010年，2011年度と連続最高純益でV字回復を果たした。この流れは継続中で，2016年もグループ会社の日立物流，日立キャピタルなど5社を実質的に売却した一方，2017年4月には英の昇降機企業と米国の空気圧縮機企業を買収。イタリアの鉄道車両・信号機メーカーも買収し，英国の実績とあわせて欧州での鉄道車両関連事業で存在感を増しており，目標のひとつであるグローバル展開も拡大している。海外の売上比率は2017年度の48％から50％に伸び，国内と同等規模になっている。

三菱電機は，携帯電話事業などから早々に撤退し，工場の自動化（FA）

など企業向けビジネスで業績を伸ばしており，日本の電機業界の中では数少ない「勝ち組」といわれている。2025年度までにFAシステム事業の売上を9000億円以上とする目的を掲げ，国内では2021年度までの稼働を目指し，2工場の新設を検討中。2018年6月には中国に工場を新設した。あわせて，中国拠点の増強やインドでの工場新設も検討を始めており，2021年度までに400億円を投資して，国内外をあわせた生産能力を4割程度引き上げる計画を進めている。また，2018年に勃発した米中貿易摩擦に対応して，中国で行っていた加工機2種の生産を国内工場に移管するなど，国際情勢に即した機敏な対応も行っている。

業績不振にあえいでいたソニーも，2018年3月期の純利益は4907億円と，過去最高益を達成した。ゲーム・ネットワークサービス，スマートフォン向け画像センサーといったIT関連部材など優良事業を強化しつつ，不振事業からの撤退や人員削減などで収益力を回復させ，テレビ事業では「量から質」へ転換し，4Kや有機ELなどの高級路線で欧米でのシェアを拡大させている。ただし，好調だった半導体事業は，スマートフォン市場の影響を受けやすい。スマートフォン自体が成熟期に入り，機能面での差別化が難しくなっているため，価格競争に陥りやすく，今後は納入する部品価格にもその影響が出てくることが予想される。2017年11月，2006年に販売終了した家庭用犬型ロボット「アイボ」を復活させ，その発表会で平井社長は「感動や好奇心を刺激するのがソニーのミッション」と強調した。すでにロボット型の掃除機が普及している家庭向けロボット市場は，潜在的な需要の見込まれる市場であり，新しいデバイスの導入による新しい価値の提供で市場を開拓することが期待される。

❖ 白モノ・生活家電の動向

日本電気工業会の調べでは，2022年度の白モノ家電の国内出荷金額は前年度比微増の2兆5887億円となった。新型コロナウイルスで在宅時間が増加し，自宅の生活を豊かにしようという特需が落ち着き，それに加えて半導体をはじめとする部品・部材不足が直撃したことが原因と見られる。

海外市場では，アジアなどの新興国において，世帯年収2万ドル以上の中間層が拡大している。それに伴い，白モノ家電の普及が進行中で，とくにドライヤーや炊飯器などの小型家電を中心に，さらなる需要拡大が見込

まれている。

　冷蔵庫，洗濯機，エアコンなど，生活必需品として手堅い需要のある白モノ家電だが，電機各社の経営戦略の流れのなかで，大きな転換を迫られている。東芝は2016年6月，白モノ家電事業を中国の美的集団に売却した。日立と三菱電機は売上規模を追わず，高付加価値製品に注力している。そんななかでパナソニックはシェアを伸ばし，エアコンやドラム式洗濯機など9市場で販売台数1位を獲得。国内家電市場全体でシェア3割近くを占め，過去30年で最高を更新した。パナソニックでは，エアコンや給湯システム，自動販売機や厨房機器といった食品流通，レンジ・食洗機などのスモール・ビルトインを高成長領域として積極的な投資を行い，グローバルでの成長を目指すという。

● 注目を集めるIoT家電とこだわり家電

　白モノ家電の新展開として注目されているのが，ネットと連動するIoT家電である。スマートフォンで操作できるエアコンやロボット掃除機などが次々と登場している。シャープから発売された電気無水鍋「ヘルシオ　ホットクック」は無線LANを搭載しており，スマホからメニュー検索や遠隔操作などが可能になっている。また，人工知能（AI）によるメニュー提案も行う。家庭内でのIoTに関しては，2017年，電機メーカーを含めた大手企業やメーカーが集まり，業界の垣根を超えて「コネクティッドホーム　アライアンス」を設立した。パナソニックをはじめ，東急やトヨタ自動車などの自動車メーカー，TOTO，LIXIL，YKKAPなどの住宅設備メーカー，中部電力や大阪ガスなどインフラ企業まで77社が名を連ねており，これまで各企業がバラバラに取り組むことでなかなか進展せず，世界から遅れをとっていた国内IoTの取り組みを推進するという。

　また，こだわりの商品を手掛ける家電ベンチャーも活気づいている。バルミューダが販売するトースターは2万円という高額ながら，30万台を売る異例の大ヒットとなった。世界No.1の清浄能力を持つ空気清浄機やスタイリッシュな加湿器を販売するcado（カドー），全自動衣類折りたたみ機「ランドロイド」を開発したセブン・ドリーマーズ・ラボラトリーズなど，大手にはない視点でものづくりに挑んでいる。

❖ デジタル家電の動向

　電子情報技術産業協会によれば，2022年の薄型テレビ国内出荷台数は486.6万台と前年度より急落した。巣篭もり特需による需要先食いが落ち着いたことに加えて，価格競争が激化したことが原因と見られる。

　2017年以降，液晶に続く次世代モデルとして，有機ELテレビに注目が集まっている。有機ELテレビは，電圧をかけると有機材料自体が光る仕組みで，液晶よりも多彩な色彩を鮮やかに再現できる。また画面が5mm程度と薄く，重量も8kg程度で軽いうえに，消費電力も液晶テレビの1割程度で経済的である。国内では，2017年に東芝，パナソニック，ソニーが対応製品の販売を開始しており，当初は40万以上の高価格帯ばかりだったが，2018年に入り20万円台の商品も販売されるなど,低下傾向にある。海外では，ソニーが欧州の有機ELテレビ市場において，65インチは60％，55インチは70％と圧倒的なシェアを獲得している。世界全体のプレミアム製品市場でも44％のシェアとなっており，高級路線への切り替えに成功している。

　オーディオ分野では，高解像度で音の情報量がCDの約6.5倍あるというハイレゾリューション（ハイレゾ）音源が人気を集めている。ハイレゾは，レコーディングスタジオやコンサートホールで録音されたクオリティーがほぼ忠実に再現できるといわれており,ヘッドホンや携帯音楽プレーヤーなど，ハイレゾ対応機器の市場に期待が集まっている。

●4K・8K放送の抱える問題

　すでにCSの一部やケーブルテレビ，ネット動画サービスなどで4Kコンテンツは配信されているが，2018年12月にサービスが開始された新4K・8K衛星放送は4Kテレビへの移行を喚起する目玉のコンテンツといえる。ただ，放送開始前に販売されていた4K対応テレビの多くには，放送を受信するためのチューナーが内蔵されておらず，視聴にはチューナーを別途購入する必要がある。また，アンテナや配線の交換が必要となるケースもあるため，どこまで視聴者を増やせるか，疑問視する声もある。加えて，新4K・8K衛星放送を受信・視聴するには，放送の暗号化情報を解除するため，現行のB-CASカードに変わる「新CAS（ACAS）」チップが必要となる。このチップも，これまでに販売された4Kテレビには付与されていないため，視聴の際には別途，メーカーなどから提供を受けなければならなくなる。新4K・

8K衛星放送に関しては，サービスの開始時期やチューナー，新CASチップなど，告知が不十分な面もあり，今後のていねいな対応が求められている。

❖ パソコン・タブレット・携帯端末の動向

2022年度の国内パソコン（PC）出荷台数は前年比4.4％減の1123万台（IDC調べ）だった。新型コロナ影響でリモートワークが進んだことと，「GIGAスクール」などの学習環境のオンライン化が急速に進んだことの反動が要因と考えられる。

徐々に冷え込みを見せる国内事情と同様に，世界出荷台数も前年比2割減の2億9199万台となった。

ここ数年，PCの好調の皺寄せがきていたスマートフォンだが，2022年における世界の出荷台数は前年比減の12億550万台（米IDC調べ）となった。市場シェアでは，韓国サムスン電子が20以上％を占め首位をキープ，米アップルは18.8％で2位，中国のHuaweiは米政府の規制が影響し，世界上位5から転落した。国内では，2022年のスマートフォン出荷台数は2810万台。メーカー別では，アップルがトップ。シャープ，ソニーが続いている。

タブレットの2022年世界出荷台数は1億6280万台（米IDC調べ）。世界シェアの約半分を占めるアップルのiPadの21年5月発売の新製品効果により堅調な成長を見せている。スペックも向上し，ノートPCとの機能差，価格差は年々小さくなってきている。

❖ 半導体の動向

日本の半導体政策が大きな転機を迎えている。2022年8月に最先端半導体の国産化を目指す「ラピダス」が設立された。同社にはトヨタ自動車やソニーグループなど国内の主要企業8社が出資，経済産業省は2023年4月までに3300億円の助成を決めるなど全面的にバックアップしている。

半導体市場は，技術革新が著しく，巨額の研究開発費と設備投資によって高性能な製品開発を進めるビジネスといえる。IoTが普及すれば，家電や自動車から工場まで，あらゆるモノに半導体が搭載されることから，大きな需要増が見込まれる。そのため，世界の各企業は，これから到来するIoT

時代に備えてM&Aを進め，規模の拡大，製品ラインナップの拡充を目指している。

2015年，米アバゴ・テクノロジーは同業の米ブロードコムを約4.6兆円で買収した。2016年にはソフトバンクグループが約3.3兆円で英半導体設計大手のARMを買収しており，日本企業による海外企業買収では過去最大の規模となる。ソフトバンクグループは，2017年にも半導体メーカーのエヌビディアへ4000億円を投資している。また，2017年にはインテルが車載カメラや半導体メーカーのモービルアイを約1兆7000億円で買収している。なお，成功はしなかったが，2016年には米クアルコムがオランダのNXPを約5兆円で買収することを計画。2017年11月には，前述のブロードコムがクアルコムに約12兆円で買収を提案していた。

国内企業に関しては，2017年，東芝が半導体事業を売却したが，ソニーは画像センサーで世界首位を誇っている。画像センサーは，スマートフォン用カメラなどで，被写体の動きを感知して撮影できるように助けるシステムで，ソニーはアップルのiPhoneに搭載されるセンサーを納品しており，世界シェアは44％超となっている。

自動車用半導体を手掛ける国内大手ルネサスエレクトロニクスは，自動運転技術の進化を見据えて，2022年の車載半導体シェア30％を狙っており，2016年に米半導体メーカーのインターシルを約3400億円で買収した。また，2018年9月には，同じく米国のインテグレーテッド・デバイス・テクノロジー（IDT）を約7500億円で買収すると発表した。IDTはセンサーと無線技術に強く，これも自立走行車向けの展開を見据えた買収といえる。一方，半導体製造装置の日立国際電気は，日立グループを離れ米KKRの傘下に入っている。

高速通信規格「5G」の実用化を受けて，2020年移行，半導体市場は成長を続けていた。しかし，半導体メーカーの相次ぐ工場トラブルにより，世界的に半導体不足が深刻化している。

電気機器業界

直近の業界各社の関連ニュースを
ななめ読みしておこう。

白物家電出荷額、4～9月は3%減　猛暑でもエアコン低調

日本電機工業会（JEMA）が23日発表した民生用電気機器の4～9月の国内出荷額は前年同期比3.2%減の1兆3116億円だった。記録的な猛暑でもエアコンなどの出荷が低調だった。3月時点では2.5%増の1兆3894億円になると見込んでいたが、一転して2年ぶりの前年実績割れとなった。

円安や部材価格の上昇などで白物家電の単価は上昇傾向にある。一部の高機能機種が人気を集める一方で、多くの消費者は節約志向を強めている。JEMAは4～9月の国内出荷額が期初の見通しを下回った理由について、「単価の上昇よりも数量が前年を下回った影響が大きかった」と説明する。

品目別では出荷額に占める割合が大きいエアコンの出荷台数が514万5000台となり、前年同期に比べ8.9%減少した。23年の夏は記録的な猛暑となったものの、過去10年の4～9月の平均（518万9000台）をやや下回る水準だった。調査会社GfKジャパン（東京・中野）の新井沙織シニアマネージャーは「過去数年続いた高需要の反動が出た」と指摘する。

冷蔵庫の出荷台数は6.9%減の184万台だった。容量別で小・中容量帯は微増となったが、大容量帯は前年同期を下回った。メーカー関係者は「多少高価でも時短や手間の軽減に出費を惜しまない人と、そうでない人との二極化が進んでいる」と話す。

洗濯機の出荷台数は0.4%増の208万3000台だった。乾燥機能が付いているドラム式洗濯機は時短効果が高く、消費者からの人気を集めている。JEMAの統計でも洗濯乾燥機の出荷台数に占めるドラム式の構成比は初めて8割を超えた。

新型コロナウイルスの感染症法上の扱いが「5類」に移行した影響で、旅行などのレジャー消費は上向いている。外出機会の増加に伴ってドライヤーの出荷台数が4%増の228万2000台となるなど、理美容家電は好調だった。「イン

バウンド（訪日外国人）が回復し、お土産として買う需要が戻りつつある」（メーカー担当者）といった声もある。

電気代の高騰を受け、家庭での消費電力割合が一番高いエアコンでは省エネルギー性能が高い一部の高機能機種への関心が高まっている。三菱電機によると、人の脈波から感情を解析する機能を搭載した旗艦機種の販売数量は7月に前年同月比で3割増えた。

日立製作所の家電子会社、日立グローバルライフソリューションズ（GLS）は11月に発売するドラム式洗濯機から家電の「指定価格制度」を適用する。小売価格を指定する代わりに、売れ残った在庫の返品に応じる。

原材料価格の高騰や円安によって、製品単価の上昇は続く見通し。日立GLSは一定の需要がある高機能製品で利益率を確保する狙いだ。伊藤芳子常務は「適正な価格で購入してもらい、必要な商品開発サイクルの期間を確保したい」と話す。

（2023年10月23日　日本経済新聞）

Amazon、アレクサに生成AI搭載　「人間らしく会話」

米アマゾン・ドット・コムは20日、音声アシスタント「アレクサ」に生成人工知能（AI）技術を幅広く搭載すると発表した。同社のスマートスピーカーなどで利用者がより自然な会話をしたり、複雑な指示を出したりできるようになる。

東部バージニア州アーリントンの第2本社で新製品発表会を開いた。デバイス・サービス担当のデイブ・リンプ上級副社長が登壇し、アレクサは「（生成AIの技術基盤である）大規模言語モデルにより、まるで人間と話しているかのように速く応答できる」と強調した。

自社開発の大規模言語モデルをアレクサに組み込むことで、会話の文脈を踏まえた返答や、利用者の好みや関心に合わせた回答が可能になる。発表会では利用者がスポーツや料理についてアレクサに質問した後、友人に送るメッセージの作成を依頼すると、アレクサがスポーツや料理の話題を盛り込んで文章を作る実例を示した。

生成AIの搭載で会話表現が豊富になる。状況に応じてアレクサの音声のトーンを変え、利用者にとってより自然に聞こえるようにする。

生成AI機能はまず米国で2024年にかけて段階的に提供を始める。ソフトウ

エアの更新によりアレクサを高度化するため、旧型の端末でも利用できる。当初は無料とするが、将来は有料化を検討している。

22年秋以降、米オープンAIの対話型AI「Chat（チャット）GPT」をはじめとした生成AIが急速に普及した。アマゾンなどの音声アシスタントは従来、事前にプログラムされた範囲で会話や指示に応えることが多く、やりとりに柔軟に対応することが難しかった。

日本など米国以外での提供については「できるだけ早くあらゆる言語に対応したい」（デバイスの国際担当、エリック・サーニオ副社長）としている。

同日、スマートスピーカーやスマートホーム機器などハードウエアの新製品も披露した。

画面やカメラを備えるスマートスピーカーの新製品「エコーショー8」では画像認識技術を使い、利用者と端末の距離に応じて画面への表示内容を変える機能を搭載した。米国での価格は149ドル99セントからで、10月下旬に発売する。

アレクサで操作できる家電などをまとめて管理する端末として、8インチの画面を備えた「エコーハブ」を新たに売り出す。毎日決まった時間に照明と冷房を付けるなど、複数の家電にまたがる操作を一括で設定できる。日本でも販売し、価格は2万5980円。21日から注文を受け付ける。

アマゾンは23年5月、西部ワシントン州シアトルに続く第2本社をアーリントンに開いた。当初は第2本社を米東部ニューヨーク市と首都ワシントン近郊のアーリントンの2カ所に分割して設置すると表明したが、ニューヨークでは地元政治家らの反発を受けて19年に計画を撤回した経緯がある。

アーリントンの第2本社ではアマゾンの従業員約8000人が働く。新型コロナウイルスの感染拡大や働き方の変化を経て、一部の区画で着工を延期している。

（2023年9月21日　日本経済新聞）

サムスン、スマホも力不足　半導体不振で14年ぶり低収益

韓国サムスン電子が14年ぶりの低収益に苦しんでいる。27日発表の2023年4〜6月期業績は営業利益が前年同期比95%減の6700億ウォン（約730億円）だった。半導体部門の巨額赤字を他部門の収益で穴埋めして辛うじて黒字を確保したものの、これまで補完役を担ってきたスマートフォン事業の収益力低下が鮮明になっている。

26日夜、ソウル市の大型展示場には世界各地からユーチューバーやインフル

エンサーが集結していた。その数、1100人。お目当てはサムスンの最新スマホの発表だ。

これまで欧米各都市で年2回実施してきた同社最大イベントを初めて母国で開催。「BTS（防弾少年団）」など人気グループのメンバーも駆けつけ、発表会に花を添えた。

サムスンはこの場で、折り畳みスマホの最新機種を公開した。スマホ事業を統括する盧泰文（ノ・テムン）社長は「わずか数年で数千万人の折り畳みスマホ利用者の笑みがあふれた。今後数年でその市場は1億台を超えるだろう」と自信を示した。

最新機種「ギャラクシーＺフォールド5」と「ギャラクシーＺフリップ5」を8月に発売する。最大の特徴は、既存製品と比べて折り畳んだ時の厚さが2ミリメートル薄く、よりコンパクトにポケットに収まる点だ。Ｚフリップ5では背面ディスプレーの表示面積を3.8倍に広げた改良点もある。

小型の「Ｚフリップ5」は背面ディスプレーの面積を3.8倍に広げた

ただ、価格帯やカメラ性能、メモリー容量などは現行モデルと変わらず、消費者の購買意欲を高められるかは見通しにくい。

買い替え頻度の低下はサムスンに限った問題ではない。スマホの技術革新の余地が年々狭まり、消費者の需要を喚起できなくなっている。消費者側が現状のスマホに満足し、機能拡充を求めなくなったという面もある。

この汎用品（コモディティー）化の進展とともに安価な中国製スマホが台頭したことで、首位サムスンのシェアはじりじりと低下した。世界シェアは13年時点の31％から22年に21％まで下がった。スマホ部門の営業利益は13年の25兆ウォンから、22年に11兆6700億ウォンへと半減した。

かつてサムスンは半導体とスマホ（携帯電話）の「二本柱」で稼ぐ収益構造だった。振れ幅の大きい半導体事業が不振の時はスマホ部門が補い、安定成長を続けた。さらにディスプレーと家電・テレビ部門を持ち、巨額の半導体投資の原資を生み出してきた。

10年代に入るとディスプレーと家電・テレビが中国勢との激しい競争にさらされて収益力が低下。スマホでも中国勢の追い上げが続き、気がつけば半導体事業に依存する「一本足」の収益構造が鮮明になった。

そこに直撃したのが14年ぶりの半導体不況だ。23年4〜6月期の部門業績は、半導体が4兆3600億ウォンの営業赤字だったのに対し、スマホは3兆400億ウォンの黒字。ディスプレーが8400億ウォンの黒字、家電・テレビは7400億ウォンの黒字にとどまった。全体では何とか黒字を確保したものの、

半導体以外の力不足が露呈した。

サムスンは新たな収益源を生み出そうと、汎用品化の波にあらがってきた。

今回発表した折り畳みスマホもその一つだ。半導体やディスプレーを自ら手掛ける「垂直統合型」のサムスンが自社と協力会社の技術を持ち寄って19年に新市場を切り開いた。

その後、競合他社も追従して市場自体は大きくなった。しかし技術革新の余地は早くも狭まり、サムスンにとって5代目となる23年モデルの機能拡充は小幅にとどまった。このまま機能の優位性を打ち出せなければ、収益がしぼむリスクがある。

サムスンの主要事業は中国企業との競争にさらされ、長期的に収益力が低下傾向にある。それが今回の半導体不況で改めて浮き彫りになった。6月末時点で10兆円超の現金性資産も活用し、新たな収益事業の確立を急ぐ必要性が高まっている。

（2023年7月27日　日本経済新聞）

省エネ家電購入へ自治体支援　電気代値上げ、申請殺到も

自治体が住民を対象に省エネ家電の購入支援策を相次ぎ打ち出している。富山県や横浜市では家電の省エネ性能などに応じて最大3万〜4万円分を還元し、買い替えで家計の電気代負担を軽くする。6月に家庭向け電気料金の引き上げを各地で迎えるなか、申請が殺到し、開始から10日間で予算が尽きる自治体も出ている。

富山県は5月の補正予算に支援事業費として5億円を計上し、準備を進めている。各家電の省エネ性能を星印で示した国の「統一省エネラベル」の星の数などに応じて、エアコン、冷蔵庫、発光ダイオード（LED）照明を購入した県民に1000〜4万円分のキャッシュレス決済のポイントを付与する。

例えば星が4つ以上かつ冷房能力3.6キロワット以上のエアコンならポイントは2万円分で、県内に本店がある登録事業者の店舗で購入した場合は2倍とする。ポイントの代わりに県産品と交換できるギフトカードも選べる。財源には国の地方創生臨時交付金を活用する。

政府の認可を受け、6月から中部、関西、九州を除く電力大手7社の家庭向け電気料金が引き上げられた。政府試算による標準的な家庭の値上げ幅は北陸電力が42％と最も高い。富山県の担当者は「電気代は生活への影響が大きく、

支援したい」と話す。

事業開始は7月の想定だったが、「早めてほしい」との県民の声を受け、6月中へ前倒しを目指している。

青森県もエアコンなどの購入者に統一省エネラベルなどに応じて1000～6万円分のポイントや商品券を還元する事業を8月下旬に始める。横浜市も同時期から購入金額の20％、上限3万円分を還元する。

東京都は4月、家庭の脱炭素化を図るため省エネ家電の購入者に付与する独自のポイントを2～3割引き上げた。ポイントは商品券などと交換できる。

電気代高騰を受けて省エネ家電の購入を自治体が支援する動きは22年度後半ごろから出てきている。電気代を下げる政府の激変緩和策は9月で期限が切れる。家計への圧力が強まるなか、生活支援策として購入支援に関心を寄せる自治体は増えている。

県の大部分が6月の値上げを申請しなかった中部電力管内にある岐阜県も、省エネ家電の購入額に応じた最大4万円の現金給付を始める。購入者は後日レシートなどと合わせて申請し、県は指定の口座に振り込む。詳細は調整中だが、5月9日以降の購入分なら適用する。

県の担当者は「電気代が高い状態が長く続いている。省エネ家電への切り替えで家計の負担軽減と、地域の脱炭素化を進めたい」と話す。

住民の関心が高く、申請が殺到する事例も起きている。最大5万円の購入支援を5月1日に始めた広島県福山市は、予算が上限に達したとして購入者からの申請受け付けを10日に終了した。本来は8月末まで受け付ける予定だった。

約1億円の予算を組んだが「家電販売店での事前周知や、事業の開始が大型連休中に重なったことが影響した」（市担当者）もようだ。同市は反響の大きさを踏まえ、予算の追加を検討している。

（2023年6月2日　日本経済新聞）

バッテリーなどリサイクル強化　経産省、法改正視野

鉱物資源を含むバッテリーなどのリサイクル促進に向け、経済産業省は関連制度の見直しを進める。近く有識者検討会を作り、資源有効利用促進法などの改正を視野に議論を始める。リサイクルしやすい製品設計をメーカーに求めたり、製品回収をしやすくしたりすることを目指し、具体的な改正内容を詰める。27日にまとめた「成長志向型の資源自律経済戦略」の案に方針を盛り込んだ。

西村康稔経産相は「日本が世界に先駆けて取り組む意義は大きい」と期待を寄せた。

検討会では太陽光パネルやバッテリーなどを、リサイクルの重点品目に追加することなどを議論する。現在は家電製品などが重点品目になっている。政府が認定した製品を製造する設備への支援なども視野に入れる。

産学官の共同事業体も立ち上げる。リサイクル資源の利用・供給の目標達成に向けた行程表や、流通データなどをやりとりする基盤を作ることを検討する。

鉱物資源は埋蔵量が地域的に偏在しているものが少なくない。インドネシアによるニッケル鉱石の輸出禁止など、特定国が供給を絞り世界全体で影響が出たこともある。

日本は多くを輸入に頼り、十分な量の供給を受けられない事態もあり得る。日本で家庭から出る一般廃棄物のリサイクル率は20％に満たない。経済協力開発機構（OECD）全体の24％を下回り、リサイクルを強化すれば鉱物などを確保できる余地がある。

リサイクルは採掘などに比べ、二酸化炭素の排出量が最大で9割程度削減できるとされる。供給網寸断への備えと同時に、脱炭素化も進める狙いだ。

（2023年3月27日　日本経済新聞）

▶労働環境

職種：物流企画　　年齢・性別：30代前半・男性

・残業代は基本的に全額出ますが，残業規制が厳しくなりました。
・労働量は部署によってまちまちで，繁忙期は休日出勤がある場合も。
・ノートPCで社外，自宅で仕事する場合も残業代は支払われます。
・役職が上がると裁量性が導入されるため，年収が下がります。

職種：法務　　年齢・性別：30代前半・男性

・サービス残業，休日出勤は一切なく，年休も取得しやすいです。
・2000年頃までは遅い時間まで働くことを良しとしていましたが，各人のライフスタイルに合わせて勤務できていると感じます。
・自宅で仕事を行うE-ワークも推奨されています。

職種：研究・開発（機械）　　年齢・性別：20代後半・男性

・社員同士の仲が良く，業務を行う上で協力関係を築きやすいです。
・自分のやる気次第で，難しい技術に挑戦できる環境にあります。
・責任ある仕事を任され，製品に関わっていることを実感できます。
・失敗を恐れず，チャレンジすることが求められる社風です。

職種：ソフトウェア開発（制御系）　　年齢・性別：20代後半・男性

・フレンドリーな職場だと思います（体育会的という意味ではなく）。最低限の上下関係はありますが，とても自由な雰囲気だと思います。
・管理方法としては，自己流・自社流で時代遅れの感は否めません。
・最近はマネージメント力強化の取り組みを始めているようです。

▶福利厚生

職種：機械・機構設計，金型設計（機械）　　年齢・性別：20代後半・男性

・福利厚生は大手企業だけあって，とても充実しています。
・3カ月の研修の間は家賃，食費，光熱費は一切かかりません。
・自営ホテルが格安で使えたり，帰省費用も出してもらえます。
・ただし，昇給制度は良くありません。

職種：一般事務　　年齢・性別：20代後半・女性

・福利厚生はとても充実していると思います。
・住宅補助は大阪だと独身寮，関東だと借り上げ寮となります。
・事務の女性は皆年に1回は，1週間の連続有休を取得しています。
・2010年以降は，先輩方が産休などを取得するようになりました。

職種：空調設備設計　　年齢・性別：20代後半・男性

・金銭面の福利厚生はまったくないと考えておいたほうがいいです。
・住宅手当がないのが一番大きいです。
・退職金も確定拠出年金に移行したため，額の少なさに驚くかも。
・保険が安かったり年休が取りやすかったりと，良い面もあります。

職種：サーバ設計・構築　　年齢・性別：20代後半・男性

・福利厚生は充実していると思います。
・自動車任意保険，生命保険，医療保険はグループ割引がありお得。
・誕生日月に誕生日プレゼントが会社から全社員宛てに貰えます。プレゼントの内容は，おそらく自社製品だと思います。

▶仕事のやりがい

職種：制御設計（電気・電子）　　年齢・性別：20代後半・男性

- 自分が設計開発に携わった製品が世に出た時，やりがいを感じます。
- 国内外のインフラ開発で，人々の生活を支えていると実感します。
- 多くの企業と情報交換できる点も非常に刺激的です。
- 自分の能力次第で実際に製品の売上が左右されるプレッシャーも。

職種：研究開発　　年齢・性別：30代前半・男性

- 次々に新しい業務が与えられるのでやりがいがあります。
- 海外勤務のチャンスも多くあり，望めば研修も受けられます。
- 開発に関しては非常に高い技術に触れることができます。
- 自身の開発能力を常に向上させることが大事だと思います。

職種：経営コンサルタント　　年齢・性別：20代前半・女性

- 顧客規模が大きいため，非常にやりがいが大きいです。
- 社会を動かしている感は大企業ならではのものがあります。
- 数億単位でお金が動いていくため，自分の裁量権を感じます。顧客も大手の経営層であったりするため，とても刺激があります。

職種：ソフトウェア開発（制御系）　　年齢・性別：20代後半・男性

- 少人数で開発するので，開発完了時の達成感は大きいと思います。
- 最近は新興国など市場の拡大もあり，非常にやりがいがあります。
- エコなど要求の変化もあり，やるべきことが増えてきています。
- 経営側もモチベーション向上のための取り組みを始めています。

▶ブラック？ホワイト？

職種：研究開発　　年齢・性別：20代前半・男性

- 研究開発の方針がコロコロ変わるのが非常に問題だと思います。
- やめると言っていた分野を急に復活させることもしばしば。
- 方針が急に変わる度に，その分野で働いていた優秀な人材が他社へ。
- 方針が定まらないため，効率が悪くなり現場が疲弊します。

職種：デジタル回路設計　　年齢・性別：20代前半・男性

- よくも悪くも昭和の空気が色濃く残っている会社です。
- 行事は基本的には全員参加が基本です。
- 運動会や全社スポーツ大会といったイベントを実施しております。
- 若手は応援団に駆り出されるため，体育会系のノリが必要です。

職種：評価・テスト（機械）　　年齢・性別：20代後半・男性

- 技術部の場合，残業が月100時間を越える人も少なからずいます。
- 部署によっては毎週のように休日出社が発生しているところも。
- 会社側は残業時間を減らそうとしているようですが，管理職は残業してあたりまえくらいの考えが主流のように感じます。

職種：法人営業　　年齢・性別：30代後半・男性

- 部門の統廃合を凄いスピードでやっています。
- この会社は7割が40歳以上のため，課長や部長が出向していきます。
- 本社で仕事がないまま，部下なしの課長や部長となる人もいます。
- 職階級のピラミッドが崩れた状態で非常に働きづらくなりました。

▶女性の働きやすさ

職種：一般事務　　年齢・性別：20代後半・女性
- 産休や育休などの制度はしっかりしていて働きやすいと思います。
- 管理職になるのは難しく，キャリアを求める女性には不向きかと。
- 部署移動などもなく，同じ部署で働き続けることになります。
- 安定，変化なしを求めるならばもってこいの職場だと思います。

職種：マーケティング　　年齢・性別：20代後半・男性

- 男女差別はないので，とても働きやすいと思います。
- 女性は4大卒・短大卒関係なく業務にあたるチャンスがあります。
- 労働時間が長いため，出産すると途端に働きにくくなります。
- 男女平等であるので，夫婦がそれぞれ別の国に駐在するケースも。

職種：回路設計・実装設計　　年齢・性別：20代後半・男性
- 育児休暇を取得後，職場に復帰している女性社員も多くいます。
- 女性の管理職は自分の周りではあまり見たことがありません。
- 育休制度は使いやすいようですが，女性の労働環境改善はまだかと。
- 男性社員が圧倒的に多いこともあり，男性社会なのだと思います。

職種：ソフトウェア関連職　　年齢・性別：20代後半・女性

- 女性マネージャーは50人の部署に1人程度，部長以上も少ないです。
- 育児休暇等を利用した場合は管理職になるのはほぼ難しいようです。
- 部署によっては男尊女卑の考え方は根強く残っています。
- 女性管理職を増やす方向にあるようですが，時間がかかりそうです。

▶今後の展望

職種：ソフトウェア開発（制御系）　　年齢・性別：20代後半・男性

- 新興国や国際的エコ意識から市場は拡大傾向にあると思います。
- ライバル企業は技術的には日系メーカー，新興市場は中国系です。
- 既存事業の動向はエアコンの需要が増え，開発案件が増えています。
- 今後はあえて別分野への大胆な展開はないと思います。

職種：経理　　年齢・性別：20代後半・男性

- 一応高いシェアは持っていますが，油断できない状況です。
- 断トツのトップシェアというわけでもないので競争は激化するかと。
- 既存事業については成長性というのはないのではと感じています。
- 今後の将来性については，疑問に感じるところです。

職種：研究・開発（機械）　　年齢・性別：20代後半・男性

- 会社設立以降ほぼ右肩上がりに業績を伸ばしています。
- 一度も赤字転落していないため，将来的にも安泰だと思います。
- リーマン・ショックでも業績を落とすことなく乗り越えてきました。
- 好況時に社員にバラまくことをしない堅実な経営方針がいいのかと。

職種：法人営業　　年齢・性別：20代後半・男性

- 一般的な商材のため市場がなくなることはないと思います。
- ただ，競合他社も多く，価格競争が厳しいのは否めません。
- 売るだけではなく技術的知識を身につけることが大事だと思います。
- 即潰れることはないとは思いますが，定年までいられるかどうか。

電気機器業界　国内企業リスト（一部抜粋）

区別	会社名	本社住所
電気機器	イビデン株式会社	岐阜県大垣市神田町 2-1
	コニカミノルタ株式会社	東京都千代田区丸の内 2-7-2　JP タワー
	ブラザー工業株式会社	名古屋市瑞穂区苗代町 15 番 1 号
	ミネベア株式会社	長野県北佐久郡御代田町大字御代田 4106-73
	株式会社 日立製作所	東京都千代田区丸の内一丁目 6 番 6 号
	株式会社 東芝	東京都港区芝浦 1-1-1
	三菱電機株式会社	東京都千代田区丸の内 2-7-3　東京ビル
	富士電機株式会社	東京都品川区大崎一丁目 11 番 2 号 ゲートシティ大崎イーストタワー
	東洋電機製造株式会社	東京都中央区八重洲一丁目 4 番 16 号 東京建物八重洲ビル 5 階
	株式会社安川電機	北九州市八幡西区黒崎城石 2 番 1 号
	シンフォニアテクノロジー株式会社	東京都港区芝大門 1-1-30　芝 NBF タワー
	株式会社明電舎	東京都品川区大崎二丁目 1 番 1 号 ThinkPark Tower
	オリジン電気株式会社	東京都豊島区高田 1 丁目 18 番 1 号
	山洋電気株式会社	東京都豊島区南大塚 3-33-1
	デンヨー株式会社	東京都中央区日本橋堀留町二丁目 8 番 5 号
	東芝テック株式会社	東京都品川区大崎 1-11-1 （ゲートシティ大崎ウエストタワー）
	芝浦メカトロニクス株式会社	神奈川県横浜市栄区笠間 2-5-1
	マブチモーター株式会社	千葉県松戸市松飛台 430 番地
	日本電産株式会社	京都府京都市南区久世殿城町 338 番地
	株式会社 東光高岳ホールディングス	東京都江東区豊洲 3-2-20 豊洲フロント 2F
	宮越ホールディングス株式会社	東京都大田区大森北一丁目 23 番 1 号
	株式会社　ダイヘン	大阪市淀川区田川 2 丁目 1 番 11 号
	ヤーマン株式会社	東京都江東区古石場一丁目 4 番 4 号
	株式会社 JVC ケンウッド	神奈川県横浜市神奈川区守屋町三丁目 12 番地

区別	会社名	本社住所
電気機器	第一精工株式会社	京都市伏見区桃山町根来 12 地地 4
	日新電機株式会社	京都市右京区梅津高畝町 47 番地
	大崎電気工業株式会社	東京都品川区東五反田 2-10-2 東五反田スクエア
	オムロン株式会社	京都市下京区塩小路通堀川東入
	日東工業株式会社	愛知県長久手市蟹原 2201 番地
	IDEC 株式会社	大阪市淀川区西宮原 2-6-64
	株式会社 ジーエス・ユアサ コーポレーション	京都市南区吉祥院西ノ庄猪之馬場町 1 番地
	サクサホールディングス 株式会社	東京都港区白金 1-17-3 NBF プラチナタワー
	株式会社 メルコホールディングス	名古屋市中区大須三丁目 30 番 20 号 赤門通ビル
	株式会社テクノメディカ	横浜市都筑区仲町台 5-5-1
	日本電気株式会社	東京都港区芝五丁目 7 番 1 号
	富士通株式会社	神奈川県川崎市中原区上小田中 4-1-1
	沖電気工業株式会社	東京都港区虎ノ門 1-7-12
	岩崎通信機株式会社	東京都杉並区久我山 1 丁目 7 番 41 号
	電気興業株式会社	東京都千代田区丸の内三丁目 3 番 1 号 新東京ビル 7 階
	サンケン電気株式会社	埼玉県新座市北野三丁目 6 番 3 号
	株式会社ナカヨ通信機	前橋市総社町一丁目 3 番 2 号
	アイホン株式会社	愛知県名古屋市熱田区神野町 2-18
	ルネサス エレクトロニクス 株式会社	神奈川県川崎市中原区下沼部 1753 番地
	セイコーエプソン株式会社	長野県諏訪市大和三丁目 3 番 5 号
	株式会社ワコム	埼玉県加須市豊野台二丁目 510 番地 1
	株式会社 アルバック	神奈川県茅ヶ崎市萩園 2500
	株式会社アクセル	東京都千代田区外神田四丁目 14 番 1 号 秋葉原 UDX　南ウイング 10 階
	株式会社ピクセラ	大阪府大阪市浪速区難波中 2-10-70 パークスタワー 25F

区別	会社名	本社住所
電気機器	EIZO 株式会社	石川県白山市下柏野町 153 番地
	日本信号株式会社	東京都千代田区丸の内 1-5-1 新丸の内ビルディング
	株式会社京三製作所	横浜市鶴見区平安町二丁目 29 番地の 1
	能美防災株式会社	東京都千代田区九段南 4 丁目 7 番 3 号
	ホーチキ株式会社	東京都品川区上大崎二丁目 10 番 43 号
	エレコム株式会社	大阪市中央区伏見町 4 丁目 1 番 1 号 明治安田生命大阪御堂筋ビル 9F
	日本無線株式会社	東京都杉並区荻窪 4-30-16 藤澤ビルディング
	パナソニック株式会社	大阪府門真市大字門真 1006 番地
	シャープ株式会社	大阪市阿倍野区長池町 22 番 22 号
	アンリツ株式会社	神奈川県厚木市恩名 5-1-1
	株式会社富士通ゼネラル	神奈川県川崎市高津区末長 1116 番地
	株式会社日立国際電気	東京都千代田区外神田 4-14-1 (秋葉原 UDX ビル 11F)
	ソニー株式会社	東京都港区港南 1-7-1
	TDK 株式会社	東京都港区芝浦三丁目 9 番 1 号 芝浦ルネサイトタワー
	帝国通信工業株式会社	神奈川県川崎市中原区苅宿 45 番 1 号
	ミツミ電機株式会社	東京都多摩市鶴牧 2-11-2
	株式会社タムラ製作所	東京都練馬区東大泉 1-19-43
	アルプス電気株式会社	東京都大田区雪谷大塚町 1-7
	池上通信機株式会社	東京都大田区池上 5-6-16
	パイオニア株式会社	神奈川県川崎市幸区新小倉 1-1
	日本電波工業株式会社	東京都渋谷区笹塚 1-50-1 笹塚 NA ビル
	株式会社日本トリム	大阪市北区梅田二丁目 2 番 22 号 ハービス ENT オフィスタワー 22F
	ローランド ディー . ジー . 株式会社	静岡県浜松市北区新都田一丁目 6 番 4 号
	フォスター電機株式会社	東京都昭島市つつじが丘一丁目 1 番 109 号
	クラリオン株式会社	埼玉県さいたま市中央区新都心 7-2
	SMK 株式会社	東京都品川区戸越 6 丁目 5 番 5 号

区別	会社名	本社住所
電気機器	株式会社ヨコオ	東京都北区滝野川 7-5-11
	株式会社 東光	東京都品川区東中延 1-5-7
	ティアック株式会社	東京都多摩市落合 1 丁目 47 番地
	ホシデン株式会社	大阪府八尾市北久宝寺 1-4-33
	ヒロセ電機株式会社	東京都品川区大崎 5 丁目 5 番 23 号
	日本航空電子工業株式会社	東京都渋谷区道玄坂 1-21-2
	TOA 株式会社	兵庫県神戸市中央区港島中町七丁目 2 番 1 号
	古野電気株式会社	兵庫県西宮市芦原町 9-52
	ユニデン株式会社	東京都中央区八丁堀 2-12-7
	アルパイン株式会社	東京都品川区西五反田 1-1-8
	スミダコーポレーション 株式会社	東京都中央区日本橋蛎殻町一丁目 39 番 5 号 水天宮北辰ビル ヂング
	アイコム株式会社	大阪市平野区加美南 1-1-32
	リオン株式会社	東京都国分寺市東元町 3-20-41
	船井電機株式会社	大阪府大東市中垣内 7 丁目 7 番 1 号
	横河電機株式会社	東京都武蔵野市中町 2-9-32
	新電元工業株式会社	東京都千代田区大手町二丁目 2 番 1 号 新大手町ビル
	アズビル株式会社	東京都千代田区丸の内 2-7-3（東京ビル）
	東亜ディーケーケー株式会社	東京都新宿区高田馬場一丁目 29 番 10 号
	日本光電工業株式会社	東京都新宿区西落合 1 丁目 31 番 4 号
	株式会社チノー	東京都板橋区熊野町 32-8
	株式会社共和電業	東京都調布市調布ヶ丘 3-5-1
	日本電子材料株式会社	兵庫県尼崎市西長洲町 2 丁目 5 番 13 号
	株式会社堀場製作所	京都市南区吉祥院宮の東町 2
	株式会社アドバンテスト	東京都千代田区丸の内 1 丁目 6 番 2 号
	株式会社小野測器	神奈川県横浜市港北区新横浜 3 丁目 9 番 3 号
	エスペック株式会社	大阪市北区天神橋 3-5-6
	パナソニック デバイス SUNX 株式会社	愛知県春日井市牛山町 2431-1

区別	会社名	本社住所
電気機器	株式会社キーエンス	大阪市東淀川区東中島 1-3-14
	日置電機株式会社	長野県上田市小泉 81
	シスメックス株式会社	兵庫県神戸市中央区脇浜海岸通 1 丁目 5 番 1 号
	株式会社メガチップス	大阪市淀川区宮原 1 丁目 1 番 1 号 新大阪阪急ビル
	OBARA GROUP 株式会社	神奈川県大和市中央林間 3 丁目 2 番 10 号
	日本電産コパル電子株式会社	東京都新宿区西新宿 7-5-25 西新宿木村屋ビル
	澤藤電機株式会社	群馬県太田市新田早川町 3 番地
	コーセル株式会社	富山県富山市上赤江町一丁目 6 番 43 号
	株式会社日立メディコ	東京都千代田区外神田 4-14-1（秋葉原 UDX 18 階）
	新日本無線株式会社	東京都中央区日本橋横山町 3 番 10 号
	オプテックス株式会社	滋賀県大津市雄琴 5-8-12
	千代田インテグレ株式会社	東京都中央区明石町 4-5
	レーザーテック株式会社	神奈川県横浜市港北区新横浜 2-10-1
	スタンレー電気株式会社	東京都目黒区中目黒 2-9-13
	岩崎電気株式会社	東京都中央区日本橋馬喰町 1-4-16 馬喰町第一ビルディング
	ウシオ電機株式会社	東京都千代田区大手町二丁目 6 番 1 号
	岡谷電機産業株式会社	東京都世田谷区等々力 6-16-9
	ヘリオス テクノ ホールディング株式会社	兵庫県姫路市豊富町御蔭 703 番地
	日本セラミック株式会社	鳥取市広岡 176-17
	株式会社遠藤照明	大阪府大阪市中央区本町一丁目 6 番 19 号
	株式会社日本デジタル研究所	東京都江東区新砂 1-2-3
	古河電池株式会社	神奈川県横浜市保土ヶ谷区星川 2-4-1
	双信電機株式会社	東京都港区三田 3-13-16 三田 43MT ビル 13F
	山一電機株式会社	東京都大田区南蒲田 2 丁目 16 番 2 号 テクノポート三井生命ビル 11 階
	株式会社 図研	横浜市都筑区荏田東 2-25-1
	日本電子株式会社	東京都昭島市武蔵野 3 丁目 1 番 2 号
	カシオ計算機株式会社	東京都渋谷区本町 1-6-2

区別	会社名	本社住所
電気機器	ファナック株式会社	山梨県南都留郡忍野村忍草字古馬場 3580
	日本シイエムケイ株式会社	東京都新宿区西新宿 6-5-1 新宿アイランドタワー 43F
	株式会社エンプラス	埼玉県川口市並木 2 丁目 30 番 1 号
	株式会社 大真空	兵庫県加古川市平岡町新在家 1389
	ローム株式会社	京都市右京区西院溝崎町 21
	浜松ホトニクス株式会社	静岡県浜松市中区砂山町 325-6 日本生命浜松駅前ビル
	株式会社三井ハイテック	北九州市八幡西区小嶺二丁目 10 番 1 号
	新光電気工業株式会社	長野県長野市小島田町 80 番地
	京セラ株式会社	京都府京都市伏見区竹田鳥羽殿町 6
	太陽誘電株式会社	東京都台東区上野 6 丁目 16 番 20 号
	株式会社村田製作所	京都府長岡京市東神足 1 丁目 10 番 1 号
	株式会社ユーシン	東京都港区芝大門 1-1-30　芝 NBF タワー
	双葉電子工業株式会社	千葉県茂原市大芝 629
	北陸電気工業株式会社	富山県富山市下大久保 3158 番地
	ニチコン株式会社	京都市中京区烏丸通御池上る
	日本ケミコン株式会社	東京都品川区大崎五丁目 6 番 4 号
	コーア株式会社	長野県上伊那郡箕輪町大字中箕輪 14016
	市光工業株式会社	神奈川県伊勢原市板戸 80
	株式会社小糸製作所	東京都港区高輪 4 丁目 8 番 3 号
	株式会社ミツバ	群馬県桐生市広沢町 1-2681
	スター精密株式会社	静岡県静岡市駿河区中吉田 20 番 10 号
	大日本スクリーン製造 株式会社	京都市上京区堀川通寺之内上る 4 丁目天神北町 1-1
	キヤノン電子株式会社	埼玉県秩父市下影森 1248 番地
	キヤノン株式会社	東京都大田区下丸子 3 丁目 30 番 2 号
	株式会社リコー	東京都中央区銀座 8-13-1　リコービル
	MUTOH ホールディングス 株式会社	東京都世田谷区池尻 3 丁目 1 番 3 号
	東京エレクトロン株式会社	東京都港区赤坂 5-3-1 赤坂 Biz タワー

区別	会社名	本社住所
精密機器	テルモ株式会社	東京都渋谷区幡ヶ谷 2-44-1
	クリエートメディック株式会社	神奈川県横浜市都筑区茅ヶ崎南 2-5-25
	日機装株式会社	東京都渋谷区恵比寿 4 丁目 20 番 3 号 恵比寿ガーデンプレイスタワー 22 階
	株式会社島津製作所	京都市中京区西ノ京桑原町 1 番地
	株式会社ジェイ・エム・エス	広島市中区加古町 12 番 17 号
	クボテック株式会社	大阪市北区中之島 4-3-36 玉江橋ビル
	ショットモリテックス株式会社	埼玉県朝霞市泉水 3-13-45
	長野計器株式会社	東京都大田区東馬込 1 丁目 30 番 4 号
	株式会社ブイ・テクノロジー	横浜市保土ヶ谷区神戸町 134 横浜ビジネスパーク イーストタワー 9F/5F
	東京計器株式会社	東京都大田区南蒲田 2-16-46
	愛知時計電機株式会社	名古屋市熱田区千年一丁目 2 番 70 号
	株式会社東京精密	東京都八王子市石川町 2968-2
	マニー株式会社	栃木県宇都宮市清原工業団地 8 番 3
	株式会社ニコン	東京都千代田区有楽町 1-12-1(新有楽町ビル)
	株式会社トプコン	東京都板橋区蓮沼町 75 番 1 号
	オリンパス株式会社	東京都新宿区西新宿 2-3-1　新宿モノリス
	理研計器株式会社	東京都板橋区小豆沢 2-7-6
	株式会社タムロン	埼玉県さいたま市見沼区蓮沼 1385 番地
	HOYA 株式会社	東京都新宿区中落合 2-7-5
	ノーリツ鋼機株式会社	和歌山市梅原 579 − 1
	株式会社エー・アンド・デイ	東京都豊島区東池袋 3 丁目 23 番 14 号
	シチズンホールディングス 株式会社	東京都西東京市田無町 6-1-12
	リズム時計工業株式会社	埼玉県さいたま市大宮区北袋町一丁目 299 番地 12
	大研医器株式会社	大阪市中央区道修町 3 丁目 6 番 1 号
	株式会社松風	京都市東山区福稲上高松町 11
	セイコーホールディングス 株式会社	東京都港区虎ノ門二丁目 8 番 10 号 虎ノ門 15 森ビル
	ニプロ株式会社	大阪市北区本庄西 3 丁目 9 番 3 号

第3章

就職活動のはじめかた

入りたい会社は決まった。しかし「就職活動とはそもそも何をしていいのかわからない」「どんな流れで進むかわからない」という声は意外と多い。ここでは就職活動の一般的な流れや内容，対策について解説していく。

▶就職活動のスケジュール

3月	**4**月	**6**月

就職活動スタート

2025年卒の就活スケジュールは,経団連と政府を中心に議論され,2024年卒の採用選考スケジュールから概ね変更なしとされている。

エントリー受付・提出

OB・OG訪問

企業の説明会には積極的に参加しよう。独自の企業研究だけでは見えてこなかった新たな情報を得る機会であるとともに,モチベーションアップにもつながる。また,説明会に参加した者だけに配布する資料などもある。

合同企業説明会　　**個別企業説明会**

筆記試験・面接試験等始まる（3月〜）

内々定（大手企業）

2月末までにやっておきたいこと

就職活動が本格化する前に,以下のことに取り組んでおこう。
◎自己分析　◎インターンシップ　◎筆記試験対策
◎業界研究・企業研究　◎学内就職ガイダンス
自分が本当にやりたいことはなにか,自分の能力を最大限に活かせる会社はどこか。自己分析と企業研究を重ね,それを文章などにして明確にしておき,面接時に最大限に活用できるようにしておこう。

※このスケジュール表は一般的なものです。本年（2019年度）の採用スケジュール表ではありませんので，ご注意ください。

7月　　　　　**8月**　　　　　**10月**

中 小 企 業 採 用 本 格 化

内定者の数が採用予定数に満たない企業，1年を通して採用を継続している企業，夏休み以降に採用活動を実施企業（後期採用）は採用活動を継続して行っている。大企業でも後期採用を行っていることもあるので，企業から内定が出ても，納得がいかなければ継続して就職活動を行うこともある。

中小企業の採用が本格化するのは大手企業より少し遅いこの時期から。HPなどで採用情報をつかむとともに，企業研究も怠らないようにしよう。

内々定とは10月1日以前に通知（電話等）されるもの。内定に関しては現在協定があり，10月1日以降に文書等にて通知される。

内々定（中小企業）　　　　　内定式（10月〜）

どんな人物が求められる？

多くの企業は，常識やコミュニケーション能力があり，社会のできごとに高い関心を持っている人物を求めている。これは「会社の一員として将来の企業発展に寄与してくれるか」という視点に基づく，もっとも普遍的な選考基準だ。もちろん，「自社の志望を真剣に考えているか」「自社の製品，サービスにどれだけの関心を向けているか」という熱意の部分も重要な要素になる。

理論編

就活ロールプレイ！

　　就職活動のスタート

内定までの道のりは，大きく分けると以下のようになる。

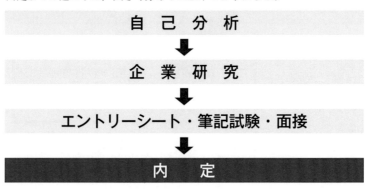

自 己 分 析

↓

企 業 研 究

↓

エントリーシート・筆記試験・面接

↓

内 定

01 まず自己分析からスタート

　就職活動とは，「企業に自分を PR すること」。自分自身の興味，価値観に加えて，強み・能力という要素が加わって，初めて企業側に「自分が働いたら，こういうポイントで貢献できる」と自分自身を売り込むことができるようになる。

■自分の来た道を振り返る

　自己分析をするための第一歩は，「振り返ってみる」こと。

　小学校，中学校など自分のいた"場"ごとに何をしたか（部活動など），何を学んだか，交友関係はどうだったか，興味のあったこと，覚えている印象的なことを書き出してみよう。

■テストを受けてみる

　"自分では気がついていない能力"を客観的に検査してもらうことで，自分に向いている職種が見えてくる。下記の5種類が代表的なものだ。

①職業適性検査　　②知能検査　　③性格検査

④職業興味検査　　⑤創造性検査

■先輩や専門家に相談してみる

　就職活動をするうえでは，"いかに他人に自分のことをわかってもらうか"が重要なポイント。他者の視点で自分を分析してもらうことで，より客観的な視点で自己PRができるようになる。

自己分析の流れ

❑過去の経験を書いてみる

❑現在の自己イメージを明確にする…行動，考え方，好きなものなど。

❑他人から見た自分を明確にする

❑将来の自分を明確にしてみる…どのような生活をおくっていたいか。期待，夢，願望。なりたい自分はどういうものか，掘り下げて考える。→自己分析結果を，志望動機につなげていく。

企業の情報を収集する

01 企業の絞り込み

　志望企業の絞り込みについての考え方は大きく分けて2つある。

　第1は，同一業種の中で1次候補，2次候補……と絞り込んでいく方法。

　第2は，業種を1次，2次，3次候補と変えながら，それぞれに2社程度ずつ絞り込んでいく方法。

　第1の方法では，志望する同一業種の中で，一流企業，中堅企業，中小企業，縁故などがある歯止めの会社……というふうに絞り込んでいく。

　第2の方法では，自分が最も望んでいる業種，将来好きになれそうな業種，発展性のある業種，安定性のある業種，現在好況な業種……というふうに区別して，それぞれに適当な会社を絞り込んでいく。

02 情報の収集場所

・キャリアセンター

・新聞

・インターネット

・企業情報

『就職四季報』（東洋経済新報社刊），『日経会社情報』（日本経済新聞社刊）などの企業情報。この種の資料は本来“株式市場”についての資料だが，その時期の景気動向を含めた情報を仕入れることができる。

・経済雑誌

『ダイヤモンド』（ダイヤモンド社刊）や『東洋経済』（東洋経済新報社刊），『エコノミスト』（毎日新聞出版刊）など。

・OB・OG／社会人

①成長力

　まず"売上高"。次に資本力の問題や利益率などの比率。いくら資本金があっても，それを上回る膨大な借金を抱えていて，いくら稼いでも利払いに追われまくるようでは，成長できないし，安定できない。

　成長力を見るには自己資本率を割り出してみる。自己資本を総資本で割って100を掛けると自己資本率がパーセントで出てくる。自己資本の比率が高いほうが成長力もあり安定度も高い。

　利益率は純利益を売上高で割って100を掛ける。利益率が高ければ，企業はどんどん成長するし，社員の待遇も上昇する。利益率が低いということは，仕事がどんなに忙しくても利益にはつながらないということになる。

②技術力

　技術力は，短期的な見方と長期的な展望が必要になってくる。研究部門が適切な規模か，大学など企業外の研究部門との連絡があるか，先端技術の分野で開発を続けているかどうかなど。

③経営者と経営形態

　会社が将来，どのような発展をするか，または衰退するかは経営者の経営哲学，経営方針によるところが大きい。社長の経歴を知ることも必要。創始者の息子，孫といった親族が社長をしているのか，サラリーマン社長か，官庁などからの天下りかということも大切なチェックポイント。

④社風

　社風というのは先輩社員から後輩社員に伝えられ，教えられるもの。社風もいろいろな面から必ずチェックしよう。

⑤安定性

　企業が成長しているか，安定しているかということは車の両輪。どちらか片方の回転が遅くなっても企業はバランスを失う。安定し，しかも成長する。これが企業として最も理想とするところ。

⑥待遇

　初任給だけを考えてみても，それが手取りなのか，基本給なのか。基本給というのはボーナスから退職金，定期昇給の金額にまで響いてくる。また，待遇というのは給与ばかりではなく，福利厚生施設でも大きな差が出てくる。

■ そのほかの会社比較の基準

1. ゆとり度

休暇制度は，企業によって独自のものを設定しているところもある。「長期休暇制度」といったものなどの制定状況と，また実際に取得できているかどうかも調べたい。

2. 独身寮や住宅設備

最近では，社宅は廃止し，住宅手当を多く出すという流れもある。寮や社宅についての福利厚生は調べておく。

3. オフィス環境

会社に根づいた慣習や社員に対する考え方が，意外にオフィスの設備やレイアウトに表れている場合がある。

たとえば，個人の専有スペースの広さや区切り方，パソコンなどOA機器の設置状況，上司と部下の机の配置など，会社によってずいぶん違うもの。玄関ロビーや受付の様子を観察するだけでも，会社ごとのカラーや特徴がどこかに見えてくる。

4. 勤務地

転勤はイヤ，どうしても特定の地域で生活していきたい。そんな声に応えて，最近は流通業などを中心に，勤務地限定の雇用制度を取り入れる企業も増えている。

---

column　初任給では分からない本当の給与

会社の給与水準には「初任給」「平均給与」「平均ボーナス」「モデル給与」など，判断材料となるいくつかのデータがある。これらのデータからその会社の給料の優劣を判断するのは非常に難しい。

たとえば中小企業の中には，初任給が飛び抜けて高い会社がときどきある。しかしその後の昇給率は大きくないのがほとんど。

一方，大手企業の初任給は業種間や企業間の差が小さく，ほとんど横並びと言っていい。そこで，「平均給与」や「平均ボーナス」などで将来の予測をするわけだが，これは一応の目安とはなるが，個人差があるので正確とは言えない。

■決定版「就職ノート」はこう作る

　1冊にすべて書き込みたいという人には，ルーズリーフ形式のノートがお勧め。会社研究，スケジュール，時事用語，OB／OG訪問，切り抜きなどの項目を作りインデックスをつける。

　カレンダー，説明会，試験などのスケジュール表を貼り，とくに会社別の説明会，面談，書類提出，試験の日程がひと目で分かる表なども作っておく。そして見開き2ページで1社を載せ，左ページに企業研究，右ページには志望理由，自己PRなどを整理する。

就職ノートの主なチェック項目

❏企業研究…資本金，業務内容，従業員数など基礎的な会社概要から，過去の採用状況，業務報告などのデータ

❏採用試験メモ…日程，条件，提出書類，採用方法，試験の傾向など

❏店舗・営業所見学メモ…流通関係，銀行などの場合は，客として訪問し，商品（値段，使用価値，ユーザーへの配慮），店員（接客態度，商品知識，熱意，親切度），店舗（ショーケース，陳列の工夫，店内の清潔さ）などの面をチェック

❏OB／OG訪問メモ…OB／OGの名前，連絡先，訪問日時，面談場所，質疑応答のポイント，印象など

❏会社訪問メモ…連絡先，人事担当者名，会社までの交通機関，最寄り駅からの地図，訪問のときに得た情報や印象，訪問にいたるまでの経過も記入

05 「OB／OG訪問」

　「OB／OG訪問」は，実際は採用予備選考開始。まず，OB／OG訪問を希望したら，大学のキャリアセンター，教授などの紹介で，志望企業に勤める先輩の手がかりをつかむ。もちろん直接電話なり手紙で，自分の意向を会社側に伝えてもいい。自分の在籍大学，学部をはっきり言って，「先輩を紹介していただけないでしょうか」と依頼しよう。

OB／OG訪問時の質問リスト例

●採用について
- ・成績と面接の比重
- ・採用までのプロセス（日程）
- ・面接は何回あるか
- ・面接で質問される事項　etc.
- ・評価のポイント
- ・筆記試験の傾向と対策
- ・コネの効力はどうか

●仕事について
- ・内容（入社10年, 20年のOB/OG）
- ・希望職種につけるのか
- ・残業，休日出勤，出張など
- ・新入社員の仕事
- ・やりがいはどうか
- ・同業他社と比較してどうか　etc.

●社風について
- ・社内のムード
- ・仕事のさせ方　etc.
- ・上司や同僚との関係

●待遇について
- ・給与について
- ・昇進のスピード
- ・福利厚生の状態
- ・離職率について　etc.

インターンシップとは，学生向けに企業が用意している「就業体験」プログラム。ここで学生はさまざまな企業の実態をより深く知ることができ，その後の就職活動において自己分析，業界研究，職種選びなどに活かすことができる。また企業側にとっても有能な学生を発掘できるというメリットがあるため，導入する企業は増えている。

インターンシップ参加が採用につながっているケースもあるため，たくさん参加してみよう。

column コネを利用するのも1つの手段？

コネを活用できるのは，以下のような場合である。

・企業と大学に何らかの「連絡」がある場合

企業の新卒採用の場合，特定校・指定校が決められていることもある。企業側が過去の実績などに基づいて決めており，大学の力が大きくものをいう。

とくに理工系では，指導教授や研究室と企業との連絡が密接な場合が多く，教授の推薦が有利であることは言うまでもない。同じ大学出身の先輩とのコネも，この部類に区分できる。

・志望企業と「関係」ある人と関係がある場合

一般的に言えば，志望企業の取り引き先関係からの紹介というのが一番多い。ただし，年間億単位の実績が必要で，しかも部長・役員以上につながっていなければコネがあるとは言えない。

・志望企業と何らかの「親しい関係」がある場合

志望企業に勤務したりアルバイトをしていたことがあるという場合。インターンシップもここに分類される。職場にも馴染みがあり人間関係もできているので，就職に際してきわめて有利。

・志望会社に関係する人と「縁故」がある場合

縁故を「血縁関係」とした場合，日本企業ではこのコネはかなり有効なところもある。ただし，血縁者が同じ会社にいるというのは不都合なことも多いので，どの企業も慎重。

07 会社説明会のチェックポイント

1. 受付の様子

受付事務がテキパキとしていて，分かりやすいかどうか。社員の態度が親切で誠意が伝わってくるかどうか。

こういった受付の様子からでも，その会社の社員教育の程度や，新入社員採用に対する熱意とか期待を推し測ることができる。

2. 控え室の様子

控え室が2カ所以上あって，国立大学と私立大学の訪問者とが，別々に案内されているようなことはないか。また，面談の順番を意図的に変えているようなことはないか。これはよくある例で，すでに大半は内定しているということを意味する場合が多い。

3. 社内の雰囲気

社員の話し方，その内容を耳にはさむだけでも，社風が伝わってくる。

4. 面談の様子

何時間も待たせたあげくに，きわめて事務的に，しかも投げやりな質問しかしないような採用担当者である場合，この会社は人事が適正に行われていないということだから，一考したほうがよい。

 説明会での質問項目

・質問内容が抽象的でなく，具体性のあるものかどうか。

・質問内容は，現在の社会・経済・政治などの情況を踏まえた，大学生らしい高度で専門性のあるものか。

・質問をするのはいいが，「それでは，あなたの意見はどうか」と逆に聞かれたとき，自分なりの見解が述べられるものであるか。

　提出する書類は6種類。①〜③が大学に申請する書類，④〜⑥が自分で書く書類だ。大学に申請する書類は一度に何枚も入手しておこう。

①「**卒業見込証明書**」

②「**成績証明書**」

③「**健康診断書**」

④「**履歴書**」

⑤「**エントリーシート**」

⑥「**会社説明会アンケート**」

■自分で書く書類は「自己PR」

　第1次面接に進めるか否かは「自分で書く書類」の出来にかかっている。「履歴書」と「エントリーシート」は会社説明会に行く前に準備しておくもの。「会社説明会アンケート」は説明会の際に書き，その場で提出する書類だ。

01 履歴書とエントリーシートの違い

　Webエントリーを受け付けている企業に資料請求をすると，資料と一緒に「エントリーシート」が送られてくるので，応募サイトのフォームやメールでエントリーシートを送付する。Webエントリーを行っていない企業には，ハガキやメールで資料請求をする必要があるが，「エントリーシート」は履歴書とは異なり，企業が設定した設問に対して回答するもの。すなわちこれが「1次試験」であり，これにパスをした人だけが会社説明会に呼ばれる。

■字はていねいに

字を書くところから，その企業に対する“本気度”は測られている。

■誤字，脱字は厳禁

使用するのは，黒のインク。

■修正液使用は不可

■数字は算用数字

■自分の広告を作るつもりで書く

自分はこういう人間であり，何がしたいかということを簡潔に書く。メリットになることだけで良い。自分に損になるようなことを書く必要はない。

■「やる気」を示す具体的なエピソードを

「私はやる気があります」「私は根気があります」という抽象的な表現だけではNG。それを示すエピソードのようなものを書かなくては意味がない。

Point

自己紹介欄の項目はすべて「自己PR」。自分はこういう人間であることを印象づけ，それがさらに企業への「志望動機」につながっていくような書き方をする。

---

column 履歴書やエントリーシートは，共通でもいい？

「履歴書」や「エントリーシート」は企業によって書き分ける。業種はもちろん，同じ業界の企業であっても求めている人材が違うからだ。各書類は提出前にコピーを取り，さらに出した企業名を忘れずに書いておくことも大切だ。

写真	スナップ写真は不可。 スーツ着用で，胸から上の物を使用する。ポイントは「清潔感」。 氏名・大学名を裏書きしておく。
日付	郵送の場合は投函する日，持参する場合は持参日の日付を記入する。
生年月日	西暦は避ける。元号を省略せずに記入する。
氏名	戸籍上の漢字を使う。印鑑押印欄があれば忘れずに押す。
住所	フリガナ欄がカタカナであればカタカナで，平仮名であれば平仮名で記載する。
学歴	最初の行の中央部に「学□□歴」と2文字程度間隔を空けて，中学校卒業から大学（卒業・卒業見込み）まで記入する。 中途退学の場合は，理由を簡潔に記載する。留年は記入する必要はない。 職歴がなければ，最終学歴の一段下の行の右隅に，「以上」と記載する。
職歴	最終学歴の一段下の行の中央部に「職□□歴」と2文字程度間隔を空け記入する。 「株式会社」や「有限会社」など，所属部門を省略しないで記入する。 「同上」や「〃」で省略しない。 最終職歴の一段下の行の右隅に，「以上」と記載する。
資格・免許	4級以下は記載しない。学習中のものも記載して良い。 「普通自動車第一種運転免許」など，省略せずに記載する。
趣味・特技	具体的に（例：読書でもジャンルや好きな作家を）記入する。
志望理由	その企業の強みや良い所を見つけ出したうえで，「自分の得意な事」がどう活かせるかなどを考えぬいたものを記入する。
自己PR	応募企業の事業内容や職種にリンクするような，自分の経験やスキルなどを記入する。
本人希望欄	面接の連絡方法，希望職種・勤務地などを記入する。「特になし」や空白はNG。
家族構成	最初に世帯主を書き，次に配偶者，それから家族を祖父母，兄弟姉妹の順に。続柄は，本人から見た間柄。兄嫁は，義姉と書く。
健康状態	「良好」が一般的。

理論編 STEP4　エントリーシートの記入

01　エントリーシートの目的

・応募者を，決められた採用予定者数に絞り込むこと

・面接時の資料にする

の2つ。

■知りたいのは職務遂行能力

　採用担当者が学生を見る場合は，「こいつは与えられた仕事をこなせるかどうか」という目で見ている。企業に必要とされているのは仕事をする能力なのだ。

─Point─

質問に忠実に，"自分がいかにその会社の求める人材に当てはまるか"を
丁寧に答えること。

02　効果的なエントリーシートの書き方

■情報を伝える書き方

　課題をよく理解していることを相手に伝えるような気持ちで書く。

■文章力

　大切なのは全体のバランスが取れているか。書く前に，何をどれくらいの字数で収めるか計算しておく。

　「起承転結」でいえば，「起」は，文章を起こす導入部分。「承」は，起を受けて，その提起した問題に対して承認を求める部分。「転」は，自説を展開する部分。もっともオリジナリティが要求される。「結」は，最後の締めの結論部分。文章の構成・まとめる力で，総合的な能力が高いことをアピールする。

▶**エントリーシートでよく取り上げられる題材と, その出題意図**

エントリーシートで求められるものは,「自己PR」「志望動機」「将来どうなりたいか(目指すこと)」の3つに大別される。

1.「自己PR」

自己分析にしたがって作成していく。重要なのは,「なぜそうしようと思ったか?」「○○をした結果, 何が変わったのか? 何を得たのか?」という"連続性"が分かるかどうかがポイント。

2.「志望動機」

自己PRと一貫性を保ち, 業界志望理由と企業志望理由を差別化して表現するように心がける。志望する業界の強みと弱み, 志望企業の強みと弱みの把握は基本。

3.「将来の展望」

どんな社員を目指すのか, 仕事へはどう臨もうと思っているか, 目標は何か, などが問われる。仕事内容を事前に把握しておくだけでなく, 5年後の自分, 10年後の自分など, 具体的な将来像を描いておくことが大切。

表現力, 理解力のチェックポイント

☐ 文法, 語法が正しいかどうか
☐ 論旨が論理的で一貫しているかどうか
☐ 1センテンスが簡潔かどうか
☐ 表現が統一されているかどうか(「です, ます」調か「だ, である」調か)

STEP 5 理論編 面接試験の進みかた

01 個人面接

●自由面接法

面接官と受験者のキャラクターやその場の雰囲気，質問と応答の進行具合などによって雑談形式で自由に進められる。

●標準面接法

自由面接法とは逆に，質問内容や評価の基準などがあらかじめ決まっている。実際には自由面接法と併用で，おおまかな質問事項や判定基準，評価ポイントを決めておき，質疑応答の内容上の制限を緩和しておくスタイルが一般的。1次面接などでは標準面接法をとり，2次以降で自由面接法をとる企業も多い。

●非指示面接法

受験者に自由に発言してもらい，面接官は話題を引き出したりするときなど，最小限の質問をするという方法。

●圧迫面接法

わざと受験者の精神状態を緊張させ，受験者がどのような応答をするかを観察し，判定する。受験者は，冷静に対応することが肝心。

02 集団面接

面接の方法は個人面接と大差ないが，面接官がひとつの質問をして，受験者が順にそれに答えるという方法と，面接官が司会役になって，座談会のような形式で進める方法とがある。

座談会のようなスタイルでの面接は，なるべく受験者全員が関心をもっているような話題を取りあげ，意見を述べさせるという方法。この際，司会役以外の面接官は一言も発言せず，判定・評価に専念する。

03 グループディスカッション

　グループディスカッション（以下，GD）の時間は30〜60分程度，1グループの人数は5〜10人程度で，司会は面接官が行う場合や，時間を決めて学生が交替で行うことが多い。面接官は内容については特に指示することはなく，受験者がどのようにGDを進めるかを観察する。

　評価のポイントは，全体的には理解力，表現力，指導性，積極性，協調性など，個別的には性格，知識，適性などが観察される。

　GDの特色は，集団の中での個人ということで，受験者の能力がどの程度のものであるか，また，どのようなことに向いているかを判定できること。受験者は，グループの中における自分の位置を面接官に印象づけることが大切だ。

グループディスカッション方式の面接におけるチェックポイント

- ❑全体の中で適切な論点を提供できているかどうか。
- ❑問題解決に役立つ知識を持っているか，また提供できているかどうか。
- ❑もつれた議論を解きほぐし，的はずれの議論を元に引き戻す努力をしているかどうか。
- ❑グループ全体としての目標をいつも考えているかどうか。
- ❑感情的な対立や攻撃をしかけているようなことはないか。
- ❑他人の意見に耳を傾け，よい意見には賛意を表し，それを全体に推し広げようという寛大さがあるかどうか。
- ❑議論の流れを自然にリードするような主導性を持っているかどうか。
- ❑提出した意見が議論の進行に大きな影響を与えているかどうか。

04 面接時の注意点

●控え室

　控え室には，指定された時間の15分前には入室しよう。そこで担当の係から，面接に際しての注意点や手順の説明が行われるので，疑問点は積極的に聞くようにし，心おきなく面接にのぞめるようにしておこう。会社によっては，所定のカードに必要事項を書き込ませたり，お互いに自己紹介をさせたりする場合もある。また，この控え室での行動も細かくチェックして，合否の資料にしている会社もある。

●入室・面接開始

　係員がドアの開閉をしてくれる場合もあるが，それ以外は軽くノックして入室し，必ずドアを閉める。そして入口近くで軽く一礼し，面接官か補助員の「どうぞ」という指示で正面の席に進み，ここで再び一礼をする。そして，学校名と氏名を名のって静かに着席する。着席時は，軽く椅子にかけるようにする。

●面接終了と退室

　面接の終了が告げられたら，椅子から立ち上がって一礼し，椅子をもとに戻して，面接官または係員の指示を受けて退室する。

　その際も，ドアの前で面接官のほうを向いて頭を下げ，静かにドアを開閉する。控え室に戻ったら，係員の指示を受けて退社する。

05 面接試験の評定基準

●協調性

　企業という「集団」では，他人との協調性が特に重視される。

　感情や態度が円満で調和がとれていること，極端に好悪の情が激しくなく，物事の見方や考え方が穏健で中立であることなど，職場での人間関係を円滑に進めていくことのできる人物かどうかが評価される。

●話し方

　外観印象的には，言語の明瞭さや応答の態度そのものがチェックされる。小さな声で自信のない発言，乱暴野卑な発言は減点になる。

　考えをまとめたら，言葉を選んで話すくらいの余裕をもって，真剣に応答しようとする姿勢が重視される。軽率な応答をしたり，まして発言に矛盾を指摘されるような事態は極力避け，もしそのような状況になりそうなときは，自分の非を認めてはっきりと謝るような態度を示すべき。

●好感度

　実社会においては，外観による第一印象が，人間関係や取引に大きく影響を及ぼす。

　「フレッシュな爽やかさ」に加え，入社志望など，自分の意思や希望をより明確にすることで，強い信念に裏づけられた姿勢をアピールできるよう努力したい。

●判断力

何を質問されているのか，何を答えようとしているのか，常に冷静に判断していく必要がある。

●**表現力**

話に筋道が通り理路整然としているか，言いたいことが簡潔に言えるか，話し方に抑揚があり聞く者に感銘を与えるか，用語が適切でボキャブラリーが豊富かどうか。

●**積極性**

活動意欲があり，研究心旺盛であること，進んで物事に取り組み，創造的に解決しようとする意欲が感じられること，話し方にファイトや情熱が感じられること，など。

●**計画性**

見通しをもって順序よく合理的に仕事をする性格かどうか，またその能力の有無。企業の将来性のなかに，自分の将来をどうかみ合わせていこうとしているか，現在の自分を出発点として，何を考え，どんな仕事をしたいのか。

●**安定性**

情緒の安定は，社会生活に欠くことのできない要素。自分自身をよく知っているか，他の人に流されない信念をもっているか。

●**誠実性**

自分に対して忠実であろうとしているか，物事に対してどれだけ誠実な考え方をしているか。

●**社会性**

企業は集団活動なので，自分の考えに固執したり，不平不満が多い性格は向かない。柔軟で適応性があるかどうか。

清潔感や明朗さ，若々しさといった外観面も重視される。

06 面接試験の質問内容

1. 志望動機

受験先の概要や事業内容はしっかりと頭の中に入れておく。また，その企業の企業活動の社会的意義と，自分自身の志望動機との関連を明確にしておく。「安定している」「知名度がある」「将来性がある」といった利己的な動機，「自

分の性格に合っている」というような，あいまいな動機では説得力がない。安定性や将来性は，具体的にどのような企業努力によって支えられているのかという考察も必要だし，それに対する受験者自身の評価や共感なども問われる。

①どうしてその業種なのか

②どうしてその企業なのか

③どうしてその職種なのか

以上の①〜③と，自分の性格や資質，専門などとの関連性を説明できるようにしておく。

自分がどうしてその会社を選んだのか，どこに大きな魅力を感じたのかを，できるだけ具体的に，情熱をもって語ることが重要。自分の長所と仕事の適性を結びつけてアピールし，仕事のやりがいや仕事に対する興味を述べるのもよい。

■複数の企業を受験していることは言ってもいい？

同じ職種，同じ業種で何社かかけもちしている場合，正直に答えてもかまわない。しかし，「第一志望はどこですか」というような質問に対して，正直に答えるべきかどうかというと，やはりこれは疑問がある。どんな会社でも，他社を第一志望にあげられれば，やはり愉快には思わない。

また，職種や業種の異なる会社をいくつか受験する場合も同様で，極端に性格の違う会社をあげれば，その矛盾を突かれるのは必至だ。

2. 仕事に対する意識・職業観

採用試験の段階では，次年度の配属予定が具体的に固まっていない会社もかなりある。具体的に職種や部署などを細分化して募集している場合は別だが，そうでない場合は，希望職種をあまり狭く限定しないほうが賢明。どの業界においても，採用後，新入社員には，研修としてその会社の各セクションをひと通り経験させる企業は珍しくない。そのうえで，具体的な配属計画を検討するのだ。

大切なことは，就職や職業というものを，自分自身の生き方の中にどう位置づけるか，また，自分の生活の中で仕事とはどういう役割を果たすのかを考えてみること。つまり自分の能力を活かしたい，社会に貢献したい，自分の存在価値を社会的に実現してみたい，ある分野で何か自分の力を試してみたい……，などの場合を考え，それを自分自身の人生観，志望職種や業種などとの関係を考えて組み立ててみる。自分の人生観をもとに，それを自分の言葉で表現できるようにすることが大切。

3. 自己紹介・自己PR

性格そのものを簡単に変えたり，欠点を克服したりすることは実際には難しいが，"仕方がない"という姿勢を見せることは禁物で，どんなささいなことでも，努力している面をアピールする。また一般的にいって，専門職を除けば，就職時になんらかの資格や技能を要求する企業は少ない。

ただ，資格をもっていれば採用に有利とは限らないが，専門性を要する業種では考慮の対象とされるものもある。たとえば英検，簿記など。

企業が学生に要求しているのは，4年間の勉学を重ねた学生が，どのように仕事に有用であるかということで，学生の知識や学問そのものを聞くのが目的ではない。あくまで，社会人予備軍としての謙虚さと素直さを失わないようにする。

知識や学力よりも，その人の人間性，ビジネスマンとしての可能性を重視するからこそ，面接担当者は，学生生活全般について尋ねることで，書類だけでは分からない人間性を探ろうとする。

何かうち込んだものや思い出に残る経験などは，その人の人間的な成長になんらかの作用を及ぼしているものだ。どんな経験であっても，そこから受けた印象や教訓などは，明確に答えられるようにしておきたい。

4. 一般常識・時事問題

一般常識・時事問題については筆記試験の分野に属するが，面接でこうしたテーマがもち出されることも珍しくない。受験者がどれだけ社会問題に関心をもっているか，一般常識をもっているか，また物事の見方・考え方に偏りがないかなどを判定する。知識や教養だけではなく，一問一答の応答を通じて，その人の性格や適応能力まで判断されることになる。

07 面接に向けての事前準備

■面接試験1カ月前までには万全の準備をととのえる

●志望会社・職種の研究

新聞の経済欄や経済雑誌などのほか，会社年鑑，株式情報など書物による研究をしたり，インターネットにあがっている企業情報や，検索によりさまざまな角度から調べる。すでにその会社へ就職している先輩や知人に会って知識を得たり，大学のキャリアセンターへ情報を求めるなどして総合的に判断する。

■専攻科目の知識・卒論のテーマなどの整理

大学時代にどれだけ勉強してきたか，専攻科目や卒論のテーマなどを整理しておく。

■時事問題に対する準備

　毎日欠かさず新聞を読む。志望する企業の話題は，就職ノートに整理するなどもアリ。

面接当日の必需品

❑必要書類（履歴書，卒業見込証明書，成績証明書，健康診断書，推薦状）

❑学生証

❑就職ノート（志望企業ファイル）

❑印鑑，朱肉

❑筆記用具（万年筆，ボールペン，サインペン，シャープペンなど）

❑手帳，ノート

❑地図（訪問先までの交通機関などをチェックしておく）

❑現金（小銭も用意しておく）

❑腕時計（オーソドックスなデザインのもの）

❑ハンカチ，ティッシュペーパー

❑くし，鏡（女性は化粧品セット）

❑シューズクリーナー

❑ストッキング

❑折りたたみ傘（天気予報をチェックしておく）

❑携帯電話，充電器

理論編 STEP6 筆記試験の種類

■一般常識試験

社会人として企業活動を行ううえで最低限必要となる一般常識のほか，
英語，国語，社会(時事問題)，数学などの知識の程度を確認するもの。

　難易度はおおむね中学・高校の教科書レベル。一般常識の問題集を1冊やっ
ておけばよいが，業界によっては専門分野が出題されることもあるため，必ず
志望する企業のこれまでの試験内容は調べておく。

■一般常識試験の対策

・**英語**　慣れておくためにも，教科書を復習する，英字新聞を読むなど。

・**国語**　漢字，四字熟語，反対語，同音異義語，ことわざをチェック。

・**時事問題**　新聞や雑誌,テレビ,ネットニュースなどアンテナを張っておく。

■適性検査

　SPI（Synthetic Personality Inventory）試験（SPI3試験）とも呼ばれ，能力
テストと性格テストを合わせたもの。

　能力テストでは国語能力を測る「言語問題」と，数学能力を測る「非言語問題」
がある。言語的能力，知覚能力，数的能力のほか，思考・推理能力，記憶力，
注意力などの問題で構成されている。

　性格テストは「はい」か「いいえ」で答えていく。仕事上の適性と性格の傾向
などが一致しているかどうかをみる。

SPIは職務への適応性を客観的にみるためのもの。

01 「論文」と「作文」

　一般に「論文」はあるテーマについて自分の意見を述べ，その論証をする文章で，必ず意見の主張とその論証という2つの部分で構成される。問題提起と論旨の展開，そして結論を書く。

　「作文」は，一般的には感想文に近いテーマ，たとえば「私の興味」「将来の夢」といったものがある。

　就職試験では「論文」と「作文」を合わせた"論作文"とでもいうようなものが出題されることが多い。

　論作文試験とは，「文章による面接」。テーマに書き手がどういう態度を持っているかを知ることが，出題の主な目的だ。受験者の知識・教養・人生観・社会観・職業観，そして将来への希望などが，どのような思考を経て，どう表現されているかによって，企業にとって，必要な人物かどうかを判断している。

　論作文の場合には，書き手の社会的意識や考え方に加え，「感銘を与える」働きが要求される。就職活動とは，企業に対し「自分をアピールすること」だということを常に念頭に置いておきたい。

Point

論文と作文の違い

	論　文	作　文
テーマ	学術的・社会的・国際的なテーマ。時事，経済問題など	個人的・主観的なテーマ。人生観，職業観など
表現	自分の意見や主張を明確に述べる。	自分の感想を述べる。
展開	四段型（起承転結）の展開が多い。	三段型（はじめに・本文・結び）の展開が多い。
文体	「だ調・である調」のスタイルが多い。	「です調・ます調」のスタイルが多い。

・テーマ

与えられた課題（テーマ）を，受験者はどのように理解しているか。

出題されたテーマの意義をよく考え，それに対する自分の意見や感情が，十分に整理されているかどうか。

・表現力

課題について本人が感じたり，考えたりしたことを，文章で的確に表しているか。

・字・用語・その他

かなづかいや送りがなが合っているか，文中で引用されている格言やことわざの類が使用法を間違えていないか，さらに誤字・脱字に至るまで，文章の基本的な力が受験者の人柄ともからんで厳密に判定される。

・オリジナリティ

魅力がある文章とは，オリジナリティを率直に出すこと。自分の感情や意見を，自分の言葉で表現する。

・生活態度

文章は，書き手の人格や人柄を映し出す。平素の社会的関心や他人との協調性，趣味や読書傾向はどうであるかといった，受験者の日常における生き方，生活態度がみられる。

・字の上手・下手

できるだけ読みやすい字を書く努力をする。また，制限字数より文章が長くなって原稿用紙の上下や左右の空欄に書き足したりすることは避ける。消しゴムで消す場合にも，丁寧に。

いずれの場合でも，表面的な文章力を問うているのではなく，受験者の人柄のほうを重視している。

マナーチェックリスト

実践編

就活において企業の人事担当は，面接試験やOG／OB訪問，そして面接試験において，あなたのマナーや言葉遣いといった，「常識力」をチェックしている。現在の自分はどのくらい「常識力」が身についているかをチェックリストで振りかえり，何ができて，何ができていないかを明確にしたうえで，今後の取り組みに生かしていこう。

評価基準　5：大変良い　4：やや良い　3：どちらともいえない　2：やや悪い　1：悪い

	項　目	評　価	メ　モ
挨拶	明るい笑顔と声で挨拶をしているか		
	相手を見て挨拶をしているか		
	相手より先に挨拶をしているか		
	お辞儀を伴った挨拶をしているか		
	直接の応対者でなくても挨拶をしているか		
表情	笑顔で応対しているか		
	表情に私的感情がでていないか		
	話しかけやすい表情をしているか		
	相手の話は真剣な顔で聞いているか		
身だしなみ	前髪は目にかかっていないか		
	髪型は乱れていないか／長い髪はまとめているか		
	髭の剃り残しはないか／化粧は健康的か		
	服は汚れていないか／清潔に手入れされているか		
	機能的で職業・立場に相応しい服装をしているか		
	華美なアクセサリーはつけていないか		
	爪は伸びていないか		
	靴下の色は適当か／ストッキングの色は自然な肌色か		
	靴の手入れは行き届いているか		
	ポケットに物を詰めすぎていないか		

項　目	評　価	メ　モ
専門用語を使わず，相手にわかる言葉で話しているか		
状況や相手に相応しい敬語を正しく使っているか		
相手の聞き取りやすい音量・速度で話しているか		
語尾まで丁寧に話しているか		
気になる言葉癖はないか		
物の授受は両手で丁寧に実施しているか		
案内・指し示し動作は適切か		
キビキビとした動作を心がけているか		
勤務時間・指定時間の5分前には準備が完了しているか		
心身ともに健康管理をしているか		
仕事とプライベートの切替えができているか		

（左端に縦書きで：言葉遣い／動作／心構え）

☑ 常に自己点検をするクセをつけよう

「人を表情やしぐさ，身だしなみなどの見かけで判断してはいけない」と一般にいわれている。確かに，人の個性は見かけだけではなく，内面においても見いだされるもの。しかし，私たちは人を第一印象である程度決めてしまう傾向がある。それが面接試験など初対面の場合であればなおさらだ。したがって，チェックリストにあるような挨拶，表情，身だしなみ等に注意して面接試験に臨むことはとても重要だ。ただ，これらは面接試験前にちょっと対策したからといって身につくようなものではない。付け焼き刃的な対策をして面接試験に臨んでも，面接官はあっという間に見抜いてしまう。日頃からチェックリストにあるような項目を意識しながら行動することが大事であり，そうすることで，最初はぎこちない挨拶や表情等も，その人の個性に応じたすばらしい所作へ変わっていくことができるのだ。さっそく，本日から実行してみよう。

面接試験において，印象を決定づける表情はとても大事。
どのようにすれば感じのいい表情ができるのか，ポイントを確認していこう。

明るく,温和で
柔らかな表情をつくろう

人間関係の潤滑油

表情に関しては，まずは豊かである
ということがベースになってくる。う
れしい表情，困った表情，驚いた表
情など，さまざまな気持ちを表現で
きるということが，人間関係を潤いの
あるものにしていく。

Point

　表情はコミュニケーションの大前提。相手に「いつでも話しかけてくださ
いね」という無言の言葉を発しているのが，就活に求められる表情だ。面接
官が安心してコミュニケーションをとろうと思ってくれる表情。それが，明
るく，温和で柔らかな表情となる。

いますぐデキる
カンタンTraining

Training 01

喜怒哀楽を表してみよう

- ・人との出会いを楽しいと思うことが表情の基本
- ・表情を豊かにする大前提は相手の気持ちに寄り添うこと
- ・目元・口元だけでなく，眉の動きを意識することが大事

Training 02

表情筋のストレッチをしよう

- ・表情筋は「ウイスキー」の発音によって鍛える
- ・意識して毎日，取り組んでみよう
- ・笑顔の共有によって相手との距離が縮まっていく

コミュニケーションは挨拶から始まり，その挨拶ひとつで印象は変わるもの。ポイントを確認していこう。

丁寧にしっかりと はっきり挨拶をしよう

人間関係の第一歩

挨拶は心を開いて，相手に近づくコミュニケーションの第一歩。たかが挨拶，されど挨拶の重要性をわきまえて，きちんとした挨拶をしよう。形，つまり"技"も大事だが，心をこめることが最も重要だ。

Point

　挨拶はコミュニケーションの第一歩。相手が挨拶するのを待っているのは望ましくない。挨拶の際のポイントは丁寧であることと，はっきり声に出すことの2つ。丁寧な挨拶は，相手を大事にして迎えている気持ちの表れとなる。はっきり声に出すことで，これもきちんと相手を迎えていることが伝わる。また，相手もその応答として挨拶してくれることで，会ってすぐに双方向のコミュニケーションが成立する。

カンタン**Training**

Training **01**

３つのお辞儀をマスターしよう

① 会釈（15度）　　　　② 敬礼（30度）　　　　③ 最敬礼（45度）

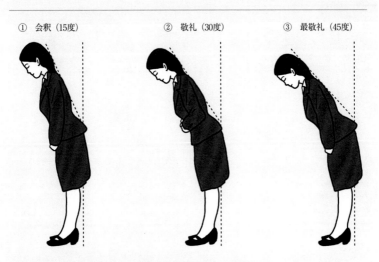

・息を吸うことを意識してお辞儀をするとキレイな姿勢に
・目線は真下ではなく，床前方1.5m先ぐらいを見よう
・相手への敬意を忘れずに

Training **02**

対面時は言葉が先，お辞儀が後

・相手に体を向けて先に自ら挨拶をする
・挨拶時，相手とアイコンタクトを
　しっかり取ろう
・挨拶の後に，お辞儀をする。
　これを「語先後礼」という

聞く姿勢

コミュニケーションは「話す」よりも「聞く」ことといわれる。相手が話しやすい聞き方の，ポイントを確認しよう。

受容の立場で
傾聴しよう

相手の話を受けとめる

話を聞くときは，やや前に傾く姿勢をとる。表情と姿勢が合わさることにより，話し手の心が開き「あれも，これも話そう」という気持ちになっていく。また，「はい」と一度のお辞儀で頷くと相手の話を受け止めているというメッセージにつながる。

Point

話をすること，話を聞いてもらうことは誰にとってもプレッシャーを伴うもの。そのため，「何でも話して良いんですよ」「何でも話を聞きますよ」「心配しなくて良いんですよ」という気持ちで聞くことが大切になる。その気持ちが聞く姿勢に表れれば，相手は安心して話してくれる。

カンタン**Training**

Training 01
頷きは一度で

- 相手が話した後に「はい」と 一言発する
- 頷きすぎは逆効果

Training 02
目線は自然に

- 鼻の付け根あたりを見ると 自然な印象に
- 目を見つめすぎるのはNG

Training 03
話の句読点で視線を移す

- 視線は話している人を見ることが基本
- 複数の人の話を聞くときは句読点を意識し, 視線を振り分けることで聞く姿勢を表す

STEP4 伝わる話し方

自分の意思を相手に明確に伝えるためには，話し方が重要となる。はっきりと的確に話すためのポイントを確認しよう。

明るい発声を
心がけよう

ボリュームを意識して

話すときのポイントとしては，ボリュームを意識することが挙げられる。会議室の一番奥にいる人に声が届くように意識することで，声のボリュームはコントロールされていく。

Point

　コミュニケーションとは「伝達」すること。どのようなことも，適当に伝えるのではなく，伝えるべきことがきちんと相手に届くことが大切になる。そのためには，はっきりと，分かりやすく，丁寧に，心を込めて話すこと。言葉だけでなく，表情やジェスチャーを加えることも有効。

カンタンTraining

Training 01

腹式呼吸で発声練習

・「あえいうえおあお」と発声する
・腹式呼吸は，胸部をなるべく動かさ
　ずに，息を吸うときにお腹や腰が膨
　らむよう意識する呼吸法

Training 02

早口言葉にチャレンジ

おあやや
母親に
お謝り

・「おあやや，母親に，お謝り」と早口で
・口がすぼまった「お」と口が開いた
　「あ」の発音に，変化をつけられる
　かがポイント

Training 03

ジェスチャーを有効活用

・腰より上でジェスチャーをする
・体から離した位置に手をもっていく
・ジェスチャーをしたら戻すところを
　さだめておく

身だしなみはその人自身を表すもの。身だしなみの基本について，ポイントを
確認しよう。

清潔感,さわやかさを
醸し出せるようにしよう

プロの企業人に
ふさわしい身だしなみを

信頼感，安心感をもたれる身だしな
みを考えよう。TPOに合わせた服装は，
すなわち"礼"を表している。そして，
身だしなみには，「清潔感」，「品のよさ」，
「控え目である」という，3つのポイ
ントがある。

Point

相手との心理的な距離や物理的な距離が遠ければ，コミュニケーションは
成立しにくくなる。見た目が不潔では誰も近付いてこない。身だしなみが
清潔であること，爽やかであることは相手との距離を縮めることにも繋がる。

カンタンTraining

Training 01

髪型，服装を整えよう

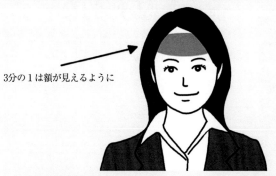

3分の1は額が見えるように

- 男性も女性も眉が見える髪型が望ましい。3分の1は額が見えるように。額は知性と清潔感を伝える場所。男性の髪の長さは耳や襟にかからないように
- スーツで相手の前に立つときは，ボタンはすべて留める。男性の場合は下のボタンは外す

Training 02

おしゃれとの違いを明確に

- 爪はできるだけ切りそろえる
- 爪の中の汚れにも注意
- ジェルネイル，ネイルアートはNG

Training 03

足元にも気を配って

- 女性の場合はパンプス，男性の場合は黒の紐靴が望ましい
- 靴はこまめに汚れを落とし見栄えよく

姿勢にはその人の意欲が反映される。前向き，活動的な姿勢を表すにはどうしたらよいか，ポイントを確認しよう。

前向き,活動的な 姿勢を維持しよう

一直線と左右対称

正しい立ち姿として，耳，肩，腰，くるぶしを結んだ線が一直線に並んでいることが最大のポイントになる。そのラインが直線に近づくほど立ち姿がキレイに整っていることになる。また，"左右対称"というのもキレイな姿勢の要素のひとつになる。

Point

　姿勢は，身体と心の状態を反映するもの。そのため，良い姿勢でいることは，印象が清々しいだけでなく，健康で元気そうに見え，話しかけやすさにも繋がる。歩く姿勢，立つ姿勢，座る姿勢など，どの場面にも心身の健康状態が表れるもの。日頃から心身の健康状態に気を配り，フィジカルとメンタル両面の自己管理を心がけよう。

カンタンTraining

いますぐデキる

Training 01

キレイな歩き方を心がけよう

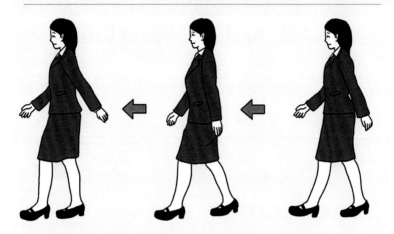

- 女性は１本の線上を，男性はそれよりも太い線上を沿うように歩く
- 一歩踏み出したときに前の足に体重を乗せるように，腰から動く
- 12時の方向につま先をもっていく

Training 02

前向きな気持ちを持とう

- 常に前向きな気持ちが姿勢を正す
- ポジティブ思考を心がけよう

言葉遣いの正しさはとは，場面にあった言葉を遣うということ。相手を気づかいながら，言葉を選ぶことで，より正しい言葉に近づいていく。

相手と場面に合わせた
ふさわしい言葉遣いを

次の文は接客の場面でよくある間違えやすい敬語です。
それぞれの言い方は○×どちらでしょうか。

問1 「資料をご拝読いただきありがとうございます」

問2 「こちらのパンフレットはもういただかれましたか？」

問3 「恐れ入りますが，こちらの用紙にご記入してください」

問4 「申し訳ございませんが，来週，休ませていただきます」

問5 「先ほどの件，帰りましたら上司にご報告いたしますので」

Point

　ビジネスのシーンに敬語は欠くことができない。何度もやり取りをしていく中で，親しさの度合いによっては，あえてくだけた表現を用いることもあるが，「親しき仲にも礼儀あり」と言われるように，敬意や心づかいをおろそかにしてはいけないもの。相手に誤解されたり，相手の気分を壊すことのないように，相手や場面にふさわしい言葉遣いが大切になる。

問1 （×）　○正しい言い換え例

→「ご覧いただきありがとうございます」など

「拝読」は自分が「読む」意味の謙譲語なので，相手の行為に使うのは誤り。読むと見るは同義なため，多く，見るの尊敬語「ご覧になる」が用いられる。

問2 （×）　○正しい言い換え例

→「お持ちですか」「お渡ししましたでしょうか」　など

「いただく」は，食べる・飲む・もらうの謙譲語。「もらったかどうか」と聞きたいのだから，「おもらいになりましたか」と言えないこともないが，持っているかどうか，受け取ったかどうかという意味で「お持ちですか」などが使われることが多い。また，自分側が渡すような場合は，「お渡しする」を使って「お渡ししましたでしょうか」などの言い方に換えることもできる。

問3 （×）　○正しい言い換え例

→「恐れ入りますが，こちらの用紙にご記入ください」など

「ご記入する」の「お（ご）～する」は謙譲語の形。相手の行為を謙譲語で表すことになるため誤り。「して」を取り除いて「ご記入ください」か，和語に言い換えて「お書きください」とする。ほかにも「お書き／ご記入・いただけますでしょうか・願います」などの表現もある。

問4 （△）

有給休暇を取る場合や，弔事等で休むような場面で，用いられることも多い。「休ませていただく」ということで一見丁寧に響くが，「来週休むと自分で休みを決めている」という勝手な表現にも受け取られかねない言葉だ。ここは同じ「させていただく」を用いても，相手の都合をうかがう言い方に換えて「○○がございまして，申し訳ございませんが，休みをいただいてもよろしいでしょうか」などの言い換えが好ましい。

問5 （×）○正しい言い換え例

→「上司に報告いたします」

「ご報告いたします」は，ソトの人との会話で使うとするならば誤り。「ご報告いたします」の「お・ご～いたす」は，「お・ご～する」と「～いたす」という2つの敬語を含む言葉。そのうちの「お・ご～する」は，主語である自分を低めて相手＝上司を高める働きをもつ表現（謙譲語Ⅰ）。一方「～いたす」は，主語の私を低めて，話の聞き手に対して丁重に述べる働きをもつ表現（謙譲語Ⅱ　丁重語）。「お・ご～する」も「～いたす」も同じ謙譲語であるため紛らわしいが，主語を低める（謙譲）という働きは同じでも，行為の相手を高める働きがあるかないかという点に違いがあるといえる。

敬語は正しく使用することで，相手の印象を大きく変えることができる。尊敬語，謙譲語の区別をはっきりつけて，誤った用法で話すことのないように気をつけよう。

言葉の使い方が
マナーを表す!

■よく使われる尊敬語の形　「言う・話す・説明する」の例

専用の尊敬語型	おっしゃる
〜れる・〜られる型	言われる・話される・説明される
お（ご）〜になる型	お話しになる・ご説明になる
お（ご）〜なさる型	お話しなさる・ご説明なさる

■よく使われる謙譲語の形　「言う・話す・説明する」の例

専用の謙譲語型	申す・申し上げる
お（ご）〜する型	お話しする・ご説明する
お（ご）〜いたす型	お話しいたします・ご説明いたします

Point

　同じ尊敬語・謙譲語でも，よく使われる代表的な形がある。ここではその一例をあげてみた。敬語の使い方に迷ったときなどは，まずはこの形を思い出すことで，大抵の語はこの型にはめ込むことができる。同じ言葉を用いたほうがよりわかりやすいといえるので，同義に使われる「言う・話す・説明する」を例に考えてみよう。

　ほかにも「お話しくださる」や「お話しいただく」「お元気でいらっしゃる」などの形もあるが，まずは表の中の形を見直そう。

■よく使う動詞の尊敬語・謙譲語

なお，尊敬語の中の「言われる」などの「れる・られる」を付けた形は省力している。

基本	尊敬語（相手側）	謙譲語（自分側）
会う	お会いになる	お目にかかる・お会いする
言う	おっしゃる	申し上げる・申す
行く・来る	いらっしゃる おいでになる お見えになる お越しになる お出かけになる	伺う・参る お伺いする・参上する
いる	いらっしゃる・おいでになる	おる
思う	お思いになる	存じる
借りる	お借りになる	拝借する・お借りする
聞く	お聞きになる	拝聴する 拝聞する お伺いする・伺う お聞きする
知る	ご存じ（知っているという意で）	存じ上げる・存じる
する	なさる	いたす
食べる・飲む	召し上がる・お召し上がりになる お飲みになる	いただく・頂戴する
見る	ご覧になる	拝見する
読む	お読みになる	拝読する

「お伺いする」「お召し上がりになる」などは，「伺う」「召し上がる」自体が敬語なので「二重敬語」ですが，慣習として定着しており間違いではないもの。

Point

上記の「敬語表」は，よく使うと思われる動詞をそれぞれ尊敬語・謙譲語で表したもの。このように大体の言葉は型にあてはめることができる。言葉の中には「お（ご）」が付かないものもあるが，その場合でも「～なさる」を使って，「スピーチなさる」や「運営なさる」などと言うことができる。また，表では，「言う」の尊敬語「言われる」の例は省いているが，れる・られる型の「言われる」よりも「おっしゃる」「お話しになる」「お話しなさる」などの言い方のほうが，より敬意も高く，言葉としても何となく響きが落ち着くといった印象を受けるものとなる。

会話は相手があってのこと。いかなる場合でも，相手に対する心くばりを忘れないことが，会話をスムーズに進めるためのコツになる。

心くばりを添えるひと言で
言葉の印象が変わる！

　相手に何かを頼んだり，また相手の依頼を断ったり，相手の抗議に対して反論したりする場面では，いきなり自分の意見や用件を切り出すのではなく，場面に合わせて心くばりを伝えるひと言を添えてから本題に移ると，響きがやわらかくなり，こちらの意向も伝えやすくなる。俗にこれは「クッション言葉」と呼ばれている。（右表参照）

Point

　ビジネスの場面で，相手と話したり手紙やメールを送る際には，何か依頼事があってという場合が多いもの。その場合に「ちょっとお願いなんですが…」では，ふだんの会話と変わりがないものになってしまう。そこを「突然のお願いで恐れ入りますが」「急にご無理を申しまして」「こちらの勝手で恐縮に存じますが」「折り入ってお願いしたいことがございまして」などの一言を添えることで，直接的なきつい感じが和らぐだけでなく，「申し訳ないのだけれど，もしもそうしていただくことができればありがたい」という，相手への配慮や願いの気持ちがより強まる。このような前置きの言葉もうまく用いて，言葉に心くばりを添えよう。

相手の意向を尋ねる場合	「よろしければ」「お差し支えなければ」
	「ご都合がよろしければ」「もしお時間がありましたら」
	「もしお嫌いでなければ」「ご興味がおありでしたら」
相手に面倒を かけてしまうような場合	「お手数をおかけしますが」
	「ご面倒をおかけしますが」
	「お手を煩わせまして恐縮ですが」
	「お忙しい時に申し訳ございませんが」
	「お時間を割いていただき申し訳ありませんが」
	「貴重なお時間を頂戴し恐縮ですが」
自分の都合を 述べるような場合	「こちらの勝手で恐縮ですが」
	「こちらの都合（ばかり）で申し訳ないのですが」
	「私どもの都合ばかりを申しまして，まことに申し訳なく存じますが」
	「ご無理を申し上げまして恐縮ですが」
急な話をもちかけた場合	「突然のお願いで恐れ入りますが」
	「急にご無理を申しまして」
	「もっと早くにご相談申し上げるべきところでございましたが」
	「差し迫ってのことでまことに申し訳ございませんが」
何度もお願いする場合	「たびたびお手数をおかけしまして恐縮に存じますが」
	「重ね重ね恐縮に存じますが」
	「何度もお手を煩わせまして申し訳ございませんが」
	「ご面倒をおかけしてばかりで，まことに申し訳ございませんが」
難しいお願いをする場合	「ご無理を承知でお願いしたいのですが」
	「たいへん申し上げにくいのですが」
	「折り入ってお願いしたいことがございまして」
あまり親しくない相手に お願いする場合	「ぶしつけなお願いで恐縮ですが」
	「ぶしつけながら」
	「まことに厚かましいお願いでございますが」
相手の提案・誘いを断る場合	「申し訳ございませんが」
	「（まことに）残念ながら」
	「せっかくのご依頼ではございますが」
	「たいへん恐縮ですが」
	「身に余るお言葉ですが」
	「まことに失礼とは存じますが」
	「たいへん心苦しいのですが」
	「お引き受けしたいのはやまやまですが」
問い合わせの場合	「つかぬことをうかがいますが」
	「突然のお尋ねで恐縮ですが」

ここでは文章の書き方における，一般的な敬称について言及している。はがき，手紙，メール等，通信手段はさまざま。それぞれの特性をふまえて有効活用しよう。

相手の気持ちになって
見やすく美しく書こう

■敬称のいろいろ

敬称	使う場面	例
様	職名・役職のない個人	（例）飯田知子様／ご担当者様／経理部長　佐藤一夫様
殿	職名・組織名・役職のある個人（公用文など）	（例）人事部長殿／教育委員会殿／田中四郎殿
先生	職名・役職のない個人	（例）松井裕子先生
御中	企業・団体・官公庁などの組織	（例）○○株式会社御中
各位	複数あてに同一文書を出すとき	（例）お客様各位／会員各位

Point

　封筒・はがきの表書き・裏書きは縦書きが基本だが，洋封筒で親しい人にあてる場合は，横書きでも問題ない。いずれにせよ，定まった位置に，丁寧な文字でバランス良く，正確に記すことが大切。特に相手の住所や名前を乱雑な文字で書くのは，配達の際の間違いを引き起こすだけでなく，受け取る側に不快な思いをさせる。相手の気持ちになって，見やすく美しく書くよう心がけよう。

■各通信手段の長所と短所

	長所	短所	用途
封書	・封を開けなければ本人以外の目に触れることがない。 ・丁寧な印象を受ける。	・多量の資料・画像送付には不向き。 ・相手に届くまで時間がかかる。	・儀礼的な文書（礼状・わび状など） ・目上の人あての文書 ・重要な書類 ・他人に内容を読まれたくない文書
はがき・カード	・封書よりも気軽にやり取りできる。 ・年賀状や季節の便り，旅先からの連絡など絵はがきとしても楽しむことができる。	・封に入っていないため，第三者の目に触れることがある。 ・中身が見えるので，改まった礼状やわび状，こみ入った内容には不向き。 ・相手に届くまで時間がかかる。	・通知状　　　・案内状 ・送り状　　　・旅先からの便り ・各種お祝い　・お礼 ・季節の挨拶
FAX	・手書きの図やイラストを文章といっしょに送れる。 ・すぐに届く。 ・控えが手元に残る。	・多量の資料の送付には不向き。 ・事務的な用途で使われることが多く，改まった内容の文書，初対面の人へは不向き。	・地図，イラストの入った文書 ・印刷物（本・雑誌など）
電話	・急ぎの連絡に便利。 ・相手の反応をすぐに確認できる。 ・直接声が聞けるので，安心感がある。	・連絡できる時間帯が制限される。 ・長々としたこみ入った内容は伝えづらい。	・緊急の用件 ・確実に用件を伝えたいとき
メール	・瞬時に届く。　・控えが残る。 ・コストが安い。 ・大容量の資料や画像をデータで送ることができる。 ・一度に大勢の人に送ることができる。 ・相手の居場所や状況を気にせず送れる。	・事務的な印象を与えるので，改まった礼状やわび状には不向き。 ・パソコンや携帯電話を持っていない人には送れない。 ・ウィルスなどへの対応が必要。	・データで送りたいとき ・ビジネス上の連絡

Point

　はがきは手軽で便利だが，おわびやお願い，格式を重んじる手紙には不向きとなる。この種の手紙は内容もこみ入ったものとなり，加えて丁寧な文章で書かなければならないので，数行で済むことはまず考えられない。また，封筒に入っていないため，他人の目に触れるという難点もある。このように，はがきにも長所と短所があるため，使う場面や相手によって，他の通信手段と使い分けることが必要となる。

　はがき以外にも，封書・電話・FAX・メールなど，現代ではさまざまな通信手段がある。上に示したように，それぞれ長所と短所があるので，特徴を知って用途によって上手に使い分けよう。

社会人のマナーとして，電話応対のスキルは必要不可欠。まずは失礼なく電話に出ることからはじめよう。積極性が重要だ。

相手の顔が見えない分
対応には細心の注意を

■電話をかける場合

① ○○先生に電話をする

× 「私，□□社の××と言いますが，○○様はおられますでしょうか？」

○ 「××と申しますが，○○様はいらっしゃいますか？」

「おられますか」は「おる」を謙譲語として使うため，通常は相手がいるかどうかに関しては，「いらっしゃる」を使うのが一般的。

② 相手の状況を確かめる

× 「こんにちは，××です，先日のですね…」

○ 「××です，先日は有り難うございました，今お時間よろしいでしょうか？」

相手が忙しくないかどうか，状況を聞いてから話を始めるのがマナー。また，やむを得ず夜間や早朝，休日などに電話をかける際は，「夜分（朝早く）に申し訳ございません」「お休みのところ恐れ入ります」などのお詫びの言葉もひと言添えて話す。

③ 相手が不在，何時ごろ戻るかを聞く場合

× 「戻りは何時ごろですか？」

○ 「何時ごろお戻りになりますでしょうか？」

「戻り」はそのままの言い方，相手にはきちんと尊敬語を使う。

④ また自分からかけることを伝える

× 「そうですか，ではまたかけますので」

○ 「それではまた後ほど（改めて）お電話させていただきます」

戻る時間がわかる場合は，「またお戻りになりましたころにでも」「また午後にでも」などの表現もできる。

■電話を受ける場合

① 電話を取ったら

×「はい，もしもし，○○（社名）ですが」
○「**はい，○○（社名）でございます**」

② 相手の名前を聞いて

×「どうも，どうも」
○「**いつもお世話になっております**」

　あいさつ言葉として定着している決まり文句ではあるが，日頃のお付き合いがあってこそ。あいさつ言葉もきちんと述べよう。「お世話様」という言葉も時折耳にするが，敬意が軽い言い方となる。適切な言葉を使い分けよう。

③ 相手が名乗らない

×「どなたですか？」「どちらさまですか？」
○「**失礼ですが，お名前をうかがってもよろしいでしょうか？**」

　名乗るのが基本だが，尋ねる態度も失礼にならないように適切な応対を心がけよう。

④ 電話番号や住所を教えてほしいと言われた場合

×「はい，いいでしょうか？」　　×「メモのご用意は？」
○「**はい，申し上げます，よろしいでしょうか？**」

　「メモのご用意は？」は，一見親切なようにも聞こえるが，尋ねる相手も用意していることがほとんど。押し付けがましくならない程度に。

⑤ 上司への取次を頼まれた場合

×「はい，今代わります」　　×「○○部長ですね，お待ちください」
○「**部長の○○でございますね，ただいま代わりますので，少々お待ちくださいませ**」

　○○部長という表現は，相手側の言い方となる。自分側を述べる場合は，「部長の○○」「○○」が適切。

Point

自分から電話をかける場合は，まずは自分の会社名や氏名を名乗るのがマナー。たとえ目的の相手が直接出た場合でも，電話では相手の様子が見えないことがほとんど。自分の勝手な判断で話し始めるのではなく，相手の都合を伺い，そのうえで話を始めるのが社会人として必要な気配りとなる。

時候の挨拶

月	漢語調の表現 候，みぎりなどを付けて用いられます	口語調の表現
1月 (睦月)	初春・新春　頌春・小寒・大寒・厳寒	皆様におかれましては，よき初春をお迎えのことと存じます／厳しい寒さが続いております／珍しく暖かな寒の入りとなりました／大寒という言葉通りの厳しい寒さでございます
2月 (如月)	春寒・余寒・残寒・立春・梅花・向春	立春とは名ばかりの寒さ厳しい毎日でございます／梅の花もちらほらとふくらみ始め，春の訪れを感じる今日この頃です／春の訪れが待ち遠しいこのごろでございます
3月 (弥生)	早春・浅春・春寒・春分・春暖	寒さもようやくゆるみ，日ましに春めいてまいりました／ひと雨ごとに春めいてまいりました／日増しに暖かさが加わってまいりました
4月 (卯月)	春暖・陽春・桜花・桜花爛漫	桜花爛漫の季節を迎えました／春光うららかな好季節となりました／花冷えとでも申しましょうか，何だか肌寒い日が続いております
5月 (皐月)	新緑・薫風・惜春・晩春・立夏・若葉	風薫るさわやかな季節を迎えました／木々の緑が目にまぶしいようでございます／目に青葉，山ほととぎす，初鰹の句も思い出される季節となりました
6月 (水無月)	梅雨・向暑・初夏・薄暑・麦秋	初夏の風もさわやかな毎日でございます／梅雨前線が近づいてまいりました／梅雨の晴れ間にのぞく青空は，まさに夏を思わせるようです
7月 (文月)	盛夏・大暑・炎暑・酷暑・猛暑	梅雨が明けたとたん，うだるような暑さが続いております／長い梅雨も明け，いよいよ本格的な夏がやってまいりました／風鈴の音がわずかに涼を運んでくれているようです
8月 (葉月)	残暑・晩夏・処暑・秋暑	立秋とはほんとうに名ばかりの厳しい暑さの毎日です／残暑たえがたい毎日でございます／朝夕はいくらかしのぎやすくなってまいりました
9月 (長月)	初秋・新秋・爽秋・新涼・清涼	九月に入りましてもなお，日差しの強い毎日です／暑さもやっとおとろえはじめたようでございます／残暑も去り，ずいぶんとしのぎやすくなってまいりました
10月 (神無月)	清秋・錦秋・秋涼・秋冷・寒露	秋風もさわやかな過ごしやすい季節となりました／街路樹の葉も日ごとに色を増しております／紅葉の便りの聞かれるころとなりました／秋深く，日増しに冷気も加わってまいりました
11月 (霜月)	晩秋・暮秋・霜降・初霜・向寒	立冬を迎え，まさに冬到来を感じる寒さです／木枯らしの季節になりました／日ごとに冷気が増すようでございます／朝夕はひときわ冷え込むようになりました
12月 (師走)	寒冷・初冬・師走・歳晩	師走を迎え，何かと慌ただしい日々をお過ごしのことと存じます／年の瀬も押しつまり，何かとお忙しくお過ごしのことと存じます／今年も残すところわずかとなりました，お忙しい毎日とお察しいたします

シチュエーション別会話例

シチュエーション1　取引先との会話

「非常に素晴らしいお話で感心しました」→NG！

「感心する」は相手の立派な行為や，優れた技量などに心を動かされるという意味。意味としては間違いではないが，目上の人に用いると，偉そうに聞こえかねない表現。「感動しました」などに言い換えるほうが好ましい。

シチュエーション2　子どもとの会話

「お母さんは，明日はいますか？」→NG！

たとえ子どもとの会話でも，子どもの年齢によっては，ある程度の敬語を使うほうが好ましい。「明日はいらっしゃいますか」では，むずかしすぎると感じるならば，「お出かけですか」などと表現することもできる。

シチュエーション3　同僚との会話

「今，お暇ですか」→NG？

同じ立場同士なので，暇に「お」が付いた形で「お暇」ぐらいでも構わないともいえるが，「暇」というのは，するべきことも何もない時間という意味。そのため「お暇ですか」では，あまりにも直接的になってしまう。その意味では「手が空いている」→「空いていらっしゃる」→「お手透き」などに言い換えることで，やわらかく敬意も含んだ表現になる。

シチュエーション4　上司との会話

「なるほどですね」→NG！

「なるほど」とは，相手の言葉を受けて，自分も同意見であることを表すため，相手の言葉・意見を自分が評価するというニュアンスも含まれている。そのため自分が評価して述べているという偉そうな表現にもなりかねない。同じ同意ならば，頷き「おっしゃる通りです」などの言葉のほうが誤解なく伝わる。

就活スケジュールシート

■年間スケジュールシート

1月	2月	3月	4月	5月	6月
企業関連スケジュール					
自己の行動計画					

就職活動をすすめるうえで，当然重要になってくるのは，自己のスケジュール管理だ。企業の選考スケジュールを把握することも大切だが，自分のペースで進めることになる自己分析や業界・企業研究，面接試験のトレーニング等の計画を立てることも忘れてはいけない。スケジュールシートに「記入」する作業を通して，短期・長期の両方の面から就職試験を考えるきっかけにしよう。

7月	8月	9月	10月	11月	12月
企業関連スケジュール					
自己の行動計画					

第**4**章

SPI対策

ほとんどの企業では，基本的な資質や能力を見極める
ため適性検査を実施しており，現在最も使われている
のがリクルートが開発した「SPI」である。

テストの内容は，「言語能力」「非言語能力」「性格」
の3つに分かれている。その人がどんな人物で，どん
な仕事で力を発揮しやすいのか，また，どんな組織に
なじみやすいかなどを把握するために行われる。

この章では，SPIの「言語能力」及び「非言語能力」の
分野で，頻出内容を絞って，演習問題を構成している。
演習問題に複数回チャレンジし，解説をしっかりと熟
読して，学習効果を高めよう。

SPI 対策

●SPIとは

　SPIは，Synthetic Personality Inventoryの略称で，株式会社リクルートが開発・販売を行っている就職採用向けのテストである。昭和49年から提供が始まり，平成14年と平成25年の2回改訂が行われ，現在はSPI3が最新になる。

　SPIは，応募者の仕事に対する適性，職業の適性能力，興味や関心を見極めるのに適しており，現在の就職採用テストでは主流となっている。

　SPIは，「知的能力検査」と「性格検査」の2領域にわけて測定され，知的能力検査は「言語能力検査（国語）」と「非言語能力検査（数学）」に分かれている。オプション検査として，「英語（ENG）検査」を実施することもある。性格適性検査では，性格を細かく分析するために，非常に多くの質問が出される。SPIの性格適性検査では，正式な回答はなく，全ての質問に正直に答えることが重要である。

　本章では，その中から，「言語能力検査」と「非言語能力検査」に絞って収録している。

●SPIを利用する企業の目的

　①：志望者から人数を絞る

　一部上場企業にもなると，数万単位の希望者が応募してくる。基本的な資質能力や会社への適性能力を見極めるため，SPIを使って，人数の絞り込みを行う。

　②：知的能力を見極める

　SPIは，応募者1人1人の基本的な知的能力を比較することができ，それによって，受検者の相対的な知的能力を見極めることが可能になる。

　③：性格をチェックする

　その職種に対する適性があるが，300程度の簡単な質問によって発想力やパーソナリティを見ていく。性格検査なので，正解というものはなく，正直に回答していくことが重要である。

●SPIの受検形式

SPIは，企業の会社説明会や会場で実施される「ペーパーテスト形式」と，パソコンを使った「テストセンター形式」とがある。

近年，ペーパーテスト形式は減少しており，ほとんどの企業が，パソコンを使ったテストセンター形式を採用している。志望する企業がどのようなテストを採用しているか，早めに確認し，対策を立てておくこと。

●SPIの出題形式

SPIは，言語分野，非言語分野，英語（ENG），性格適性検査に出題形式が分かれている。

科目	出題範囲・内容
言語分野	二語の関係，語句の意味，語句の用法，文の並び換え，空欄補充，熟語の成り立ち，文節の並び換え，長文読解 等
非言語分野	推論，場合の数，確率，集合，損益算，速度算，表の読み取り，資料の読み取り，長文読み取り 等
英語（ENG）	同意語，反意語，空欄補充，英英辞書，誤文訂正，和文英訳，長文読解 等
性格適性検査	質問：300問程度　時間：約35分

●受検対策

本章では，出題が予想される問題を厳選して収録している。問題と解答だけではなく，詳細な解説も収録しているので，分からないところは複数回問題を解いてみよう。

言語分野

二語関係

同音異義語

●あいせき
哀惜　死を悲しみ惜しむこと
愛惜　惜しみ大切にすること

●いぎ
意義　意味・内容・価値
異議　他人と違う意見
威儀　いかめしい挙動
異義　異なった意味

●いし
意志　何かをする積極的な気持ち
意思　しようとする思い・考え

●いどう
異同　異なり・違い・差
移動　場所を移ること
異動　地位・勤務の変更

●かいこ
懐古　昔を懐かしく思うこと
回顧　過去を振り返ること
解雇　仕事を辞めさせること

●かいてい
改訂　内容を改め直すこと
改定　改めて定めること

●かんしん
関心　気にかかること
感心　心に強く感じること
歓心　嬉しいと思う心

寒心　肝を冷やすこと

●きてい
規定　規則・定め
規程　官公庁などの規則

●けんとう
見当　だいたいの推測・判断・
　　　めあて
検討　調べ究めること

●こうてい
工程　作業の順序
行程　距離・みちのり

●じき
直　　すぐに
時期　時・折り・季節
時季　季節・時節
時機　適切な機会

●しゅし
趣旨　趣意・理由・目的
主旨　中心的な意味

●たいけい
体型　人の体格
体形　人や動物の形態
体系　ある原理に基づき個々のも
　　　のを統一したもの
大系　系統立ててまとめた叢書

●たいしょう

対象　行為や活動が向けられる相手

対称　対応する位置にあること

対照　他のものと照らし合わせること

●たんせい

端正　人の行状が正しくきちんとしているさま

端整　人の容姿が整っているさま

●はんざつ

繁雑　ごたごたと込み入ること

煩雑　煩わしく込み入ること

●ほしょう

保障　保護して守ること

保証　確かだと請け合うこと

補償　損害を補い償うこと

●むち

無知　知識・学問がないこと

無恥　恥を知らないこと

●ようけん

要件　必要なこと

用件　なすべき仕事

同訓漢字

●あう

合う…好みに合う。答えが合う。

会う…客人と会う。立ち会う。

遭う…事故に遭う。盗難に遭う。

●あげる

上げる…プレゼントを上げる。効果を上げる。

挙げる…手を挙げる。全力を挙げる。

揚げる…凧を揚げる。てんぷらを揚げる。

●あつい

暑い…夏は暑い。暑い部屋。

熱い…熱いお湯。熱い視線を送る。

厚い…厚い紙。面の皮が厚い。

篤い…志の篤い人。篤い信仰。

●うつす

写す…写真を写す。文章を写す。

映す…映画をスクリーンに映す。鏡に姿を映す。

●おかす

冒す…危険を冒す。病に冒された人。

犯す…犯罪を犯す。法律を犯す。

侵す…領空を侵す。プライバシーを侵す。

●おさめる

治める…領地を治める。水を治める。

収める…利益を収める。争いを収める。

修める…学問を修める。身を修める。

納める…税金を納める。品物を納める。

●かえる

変える…世界を変える。性格を変える。

代える…役割を代える。背に腹は代えられぬ。

替える…円をドルに替える。服を
　　　　替える。

●きく

聞く…うわさ話を聞く。明日の天
　　　気を聞く。

聴く…音楽を聴く。講義を聴く。

●しめる

閉める…門を閉める。ドアを閉め
　　　　る。

締める…ネクタイを締める。気を
　　　　引き締める。

絞める…首を絞める。絞め技をか
　　　　ける。

●すすめる

進める…足を進める。話を進める。

勧める…縁談を勧める。加入を勧
　　　　める。

薦める…生徒会長に薦める。

●つく

付く…傷が付いた眼鏡。気が付く。

着く…待ち合わせ場所の公園に着
　　　く。地に足が着く。

就く…仕事に就く。外野の守備に
　　　就く。

●つとめる

務める…日本代表を務める。主役
　　　　を務める。

努める…問題解決に努める。療養
　　　　に努める。

勤める…大学に勤める。会社に勤
　　　　める。

●のぞむ

望む…自分の望んだ夢を追いかけ
　　　る。

臨む…記者会見に臨む。決勝に臨
　　　む。

●はかる

計る…時間を計る。将来を計る。

測る…飛行距離を測る。水深を測
　　　る。

●みる

見る…月を見る。ライオンを見る。

診る…患者を診る。脈を診る。

演習問題

1　カタカナで記した部分の漢字として適切なものはどれか。
　1　手続きがハンザツだ　　　　　　【汎雑】
　2　誤りをカンカすることはできない　【観過】
　3　ゲキヤクなので取扱いに注意する　【激薬】
　4　クジュウに満ちた選択だった　　　【苦重】
　5　キセイの基準に従う　　　　　　　【既成】

2 下線部の漢字として適切なものはどれか。

家で飼っている熱帯魚を<u>かんしょう</u>する。

1　干渉
2　観賞
3　感傷
4　勧奨
5　鑑賞

3 下線部の漢字として適切なものはどれか。

彼に責任を<u>ついきゅう</u>する。

1　追窮
2　追究
3　追給
4　追求
5　追及

4 下線部の語句について，両方とも正しい表記をしているものはどれか。

1　私と母とは<u>相生</u>がいい。　　・この歌を<u>愛唱</u>している。
2　それは<u>規成</u>の事実である。　・<u>既製</u>品を買ってくる。
3　同音<u>異義語</u>を見つける。　　・会議で<u>意議</u>を申し立てる。
4　選挙の<u>大勢</u>が決まる。　　　・作曲家として<u>大成</u>する。
5　<u>無常</u>の喜びを味わう。　　　・<u>無情</u>にも雨が降る。

5 下線部の漢字として適切なものはどれか。

彼の体調は<u>かいほう</u>に向かっている。

1　介抱
2　快方
3　解放
4　回報
5　開放

◯◯◯解答・解説◯◯◯

1 5

解説　1　「煩雑」が正しい。「汎」は「汎用（はんよう）」などと使う。
2　「看過」が正しい。「観」は「観光」や「観察」などと使う。　3　「劇薬」
が正しい。「少量の使用であってもはげしい作用のするもの」という意味
であるが「激」を使わないことに注意する。　4　「苦渋」が正しい。苦し
み悩むという意味で，「苦悩」と同意であると考えてよい。　5　「既成概
念」などと使う場合もある。同音で「既製」という言葉があるが，これは
「既製服」や「既製品」という言葉で用いる。

2 2

解説　同音異義語や同訓異字の問題は，その漢字を知っているだけで
は対処できない。「植物や魚などの美しいものを見て楽しむ」場合は「観
賞」を用いる。なお，「芸術作品」に関する場合は「鑑賞」を用いる。

3 5

解説　「ついきゅう」は，特に「追究」「追求」「追及」が頻出である。「追
究」は「あることについて徹底的に明らかにしようとすること」，「追求」
は「あるものを手に入れようとすること」，「追及」は「後から厳しく調べ
ること」という意味である。ここでは，「責任」という言葉の後にあるので，
「厳しく」という意味が含まれている「追及」が適切である。

4 4

解説　1の「相生」は「相性」，2の「規成」は「既成」，3の「意議」は「異
議」，5の「無常」は「無上」が正しい。

5 2

解説　「快方」は「よい方向に向かっている」という意味である。なお，
1は病気の人の世話をすること，3は束縛を解いて自由にすること，4は
複数人で回し読む文書，5は出入り自由として開け放つ，の意味。

熟語

四字熟語

☐曖昧模糊　あいまいもこ—はっきりしないこと。

☐阿鼻叫喚　あびきょうかん—苦しみに耐えられないで泣き叫ぶこと。はなはだしい惨状を形容する語。

☐暗中模索　あんちゅうもさく—暗闇で手さぐりでものを探すこと。様子がつかめずどうすればよいかわからないままやってみること。

☐以心伝心　いしんでんしん—無言のうちに心から心に意思が通じ合うこと。

☐一言居士　いちげんこじ—何事についても自分の意見を言わなければ気のすまない人。

☐一期一会　いちごいちえ—一生のうち一度だけの機会。

☐一日千秋　いちじつせんしゅう—一日会わなければ千年も会わないように感じられることから，一日が非常に長く感じられること。

☐一念発起　いちねんほっき—決心して信仰の道に入ること。転じてある事を成就させるために決心すること。

☐一網打尽　いちもうだじん—一網打つだけで多くの魚を捕らえることから，一度に全部捕らえること。

☐一獲千金　いっかくせんきん—一時にたやすく莫大な利益を得ること。

☐一挙両得　いっきょりょうとく—一つの行動で二つの利益を得ること。

☐意馬心猿　いばしんえん—馬が走り，猿が騒ぐのを抑制できないことにたとえ，煩悩や欲望の抑えられないさま。

☐意味深長　いみしんちょう—意味が深く含蓄のあること。

☐因果応報　いんがおうほう—よい行いにはよい報いが，悪い行いには悪い報いがあり，因と果とは相応じるものであるということ。

☐慇懃無礼　いんぎんぶれい—うわべはあくまでも丁寧だが，実は尊大であること。

☐有為転変　ういてんぺん—世の中の物事の移りやすくはかない様子のこと。

☐右往左往　うおうさおう—多くの人が秩序もなく動き，あっちへ行ったりこっちへ来たり，混乱すること。

□右顧左眄　うこさべん―右を見たり，左を見たり，周囲の様子ばかりう
　　　　　かがっていて決断しないこと。

□有象無象　うぞうむぞう―世の中の無形有形の一切のもの。たくさん集
　　　　　まったつまらない人々。

□海千山千　うみせんやません―経験を積み，その世界の裏まで知り抜い
　　　　　ている老獪な人。

□紆余曲折　うよきょくせつ―まがりくねっていること。事情が込み入っ
　　　　　て，状況がいろいろ変化すること。

□雲散霧消　うんさんむしょう―雲や霧が消えるように，あとかたもなく
　　　　　消えること。

□栄枯盛衰　えいこせいすい―草木が繁り，枯れていくように，盛んになっ
　　　　　たり衰えたりすること。世の中の浮き沈みのこと。

□栄耀栄華　えいようえいが―権力や富貴をきわめ，おごりたかぶること。

□会者定離　えしゃじょうり―会う者は必ず離れる運命をもつというこ
　　　　　と。人生の無常を説いたことば。

□岡目八目　おかめはちもく―局外に立ち，第三者の立場で物事を観察す
　　　　　ると，その是非や損失がよくわかるということ。

□温故知新　おんこちしん―古い事柄を究め新しい知識や見解を得るこ
　　　　　と。

□臥薪嘗胆　がしんしょうたん―たきぎの中に寝，きもをなめる意で，目
　　　　　的を達成するのために苦心，苦労を重ねること。

□花鳥風月　かちょうふうげつ―自然界の美しい風景，風雅のこころ。

□我田引水　がでんいんすい―自分の利益となるように発言したり行動し
　　　　　たりすること。

□画竜点睛　がりょうてんせい―竜を描いて最後にひとみを描き加えたと
　　　　　ころ，天に上ったという故事から，物事を完成させるために
　　　　　最後に付け加える大切な仕上げ。

□夏炉冬扇　かろとうせん―夏の火鉢，冬の扇のようにその場に必要のな
　　　　　い事物。

□危急存亡　ききゅうそんぼう―危機が迫ってこのまま生き残れるか滅び
　　　　　るかの瀬戸際。

□疑心暗鬼　ぎしんあんき―心の疑いが妄想を引き起こして実際にはいな
　　　　　い鬼の姿が見えるようになることから，疑心が起こると何で

もないことまで恐ろしくなること。

□玉石混交　ぎょくせきこんこう─すぐれたものとそうでないものが入り混じっていること。

□荒唐無稽　こうとうむけい─言葉や考えによりどころがなく，とりとめもないこと。

□五里霧中　ごりむちゅう─迷って考えの定まらないこと。

□針小棒大　しんしょうぼうだい─物事を大袈裟にいうこと。

□大同小異　だいどうしょうい─細部は異なっているが総体的には同じであること。

□馬耳東風　ばじとうふう─人の意見や批評を全く気にかけず聞き流すこと。

□波瀾万丈　はらんばんじょう─さまざまな事件が次々と起き，変化に富むこと。

□付和雷同　ふわらいどう─一定の見識がなくただ人の説にわけもなく賛同すること。

□粉骨砕身　ふんこつさいしん─力の限り努力すること。

□羊頭狗肉　ようとうくにく─外見は立派だが内容がともなわないこと。

□竜頭蛇尾　りゅうとうだび─初めは勢いがさかんだが最後はふるわないこと。

□臨機応変　りんきおうへん─時と場所に応じて適当な処置をとること。

演習問題

1　「海千山千」の意味として適切なものはどれか。
　1　様々な経験を積み，世間の表裏を知り尽くしてずる賢いこと
　2　今までに例がなく，これからもあり得ないような非常に珍しいこと
　3　人をだまし丸め込む手段や技巧のこと
　4　一人で千人の敵を相手にできるほど強いこと
　5　広くて果てしないこと

2 四字熟語として適切なものはどれか。
 1 竜頭堕尾
 2 沈思黙考
 3 孟母断危
 4 理路正然
 5 猪突猛伸

3 四字熟語の漢字の使い方がすべて正しいものはどれか。
 1 純真無垢　　青天白日　　疑心暗鬼
 2 短刀直入　　自我自賛　　危機一髪
 3 厚顔無知　　思考錯誤　　言語同断
 4 異句同音　　一鳥一石　　好機当来
 5 意味深長　　興味深々　　五里霧中

4 「一蓮托生」の意味として適切なものはどれか。
 1 一味の者を一度で全部つかまえること。
 2 物事が順調に進行すること。
 3 ほかの事に注意をそらさず，一つの事に心を集中させているさま。
 4 善くても悪くても行動・運命をともにすること。
 5 妥当なものはない。

5 故事成語の意味で適切なものはどれか。
  「塞翁(さいおう)が馬」
 1 たいして差がない
 2 幸不幸は予測できない
 3 肝心なものが欠けている
 4 実行してみれば意外と簡単
 5 努力がすべてむだに終わる

1 1

解説 2は「空前絶後」，3は「手練手管」，4は「一騎当千」，5は「広大無辺」である。

2 2

解説 2の沈思黙考は，「思いにしずむこと。深く考えこむこと。」の意味である。なお，1は竜頭蛇尾(始めは勢いが盛んでも，終わりにはふるわないこと)，3は孟母断機(孟子の母が織りかけの織布を断って，学問を中途でやめれば，この断機と同じであると戒めた譬え)，4は理路整然(話や議論の筋道が整っていること)，5は猪突猛進(いのししのように向こう見ずに一直線に進むこと)が正しい。

3 1

解説 2は「単刀直入」「自画自賛」，3は「厚顔無恥」「試行錯誤」「言語道断」，4は「異口同音」「一朝一夕」「好機到来」，5は「興味津々」が正しい。四字熟語の意味を理解する際，どのような字で書かれているかを意識するとよい。

4 4

解説 「一蓮托生」は，よい行いをした者は天国に行き，同じ蓮の花の上に生まれ変わるという仏教の教えから，「(ことの善悪にかかわらず)仲間として行動や運命をともにすること」をいう。

5 2

解説 「塞翁が馬」は「人間万事塞翁が馬」と表す場合もある。1は「五十歩百歩」，3は「画竜点睛に欠く」，4は「案ずるより産むが易し」，5は「水泡に帰する」の故事成語の意味である。

文法

I 品詞の種類

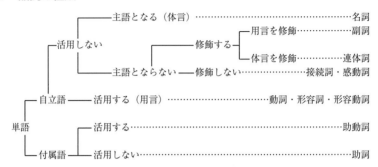

II 動詞の活用形

活用	基本	語幹	未然	連用	終止	連体	仮定	命令
五段	読む	読	ま も	み	む	む	め	め
上一段	見る	見	み	み	みる	みる	みれ	みよ
下一段	捨てる	捨	て	て	てる	てる	てれ	てよ てろ
カ変	来る	来	こ	き	くる	くる	くれ	こい
サ変	する	す	さ し せ	し	する	する	すれ	せよ しろ
	主な接続語		ナイ ウ・ ヨウ	マス テ・タ	言い 切る	コト トキ	バ	命令

III 形容詞の活用形

基本	語幹	未然	連用	終止	連体	仮定	命令
美しい	うつく し	かろ	かっ く	い	い	けれ	○
主な用法		ウ	ナル タ	言い 切る	体言	バ	

IV 形容動詞の活用形

基本	語幹	未然	連用	終止	連体	仮定	命令
静かだ	静か	だろ	だっ で に	だ	な	なら	○
主な用法		ウ	タ アル ナル	言い 切る	体言	バ	

V 文の成分

主語・述語の関係………花が ― 咲いた。

修飾・被修飾の関係……きれいな ― 花。

接続の関係………………花が咲いた<u>ので</u>，花見をした。

並立の関係………………<u>赤い花</u>と<u>白い花</u>。

補助の関係………………花が<u>咲いている</u>。（二文節で述語となっている）

〈副詞〉自立語で活用せず，単独で文節を作り，多く連用修飾語を作る。

状態を表すもの…………ついに・さっそく・しばらく・ぴったり・すっかり

程度を表すもの…………もっと・すこし・ずいぶん・ちょっと・ずっと

陳述の副詞………………決して〜ない・なぜ〜か・たぶん〜だろう・もし〜ば

〈助動詞〉付属語で活用し，主として用言や他の助動詞について意味を添える。

① 使役……せる・させる（学校に行か<u>せる</u>　服を着<u>させる</u>）

② 受身……れる・られる（先生に怒ら<u>れる</u>　人に見<u>られる</u>）

③ 可能……れる・られる（歩いて行か<u>れる</u>距離　まだ着<u>られる</u>服）

④ 自発……れる・られる（ふと思い出さ<u>れる</u>　容態が案じ<u>られる</u>）

⑤ 尊敬……れる・られる（先生が話さ<u>れる</u>　先生が来<u>られる</u>）

⑥ 過去・完了……た（話を聞い<u>た</u>　公園で遊ん<u>だ</u>）

⑦ 打消……ない・ぬ（僕は知ら<u>ない</u>　知ら<u>ぬ</u>存ぜ<u>ぬ</u>）

⑧ 推量……だろう・そうだ（晴れる<u>だろう</u>　晴れ<u>そうだ</u>）

⑨ 意志……う・よう（旅行に行こ<u>う</u>　彼女に告白し<u>よう</u>）

⑩ 様態……そうだ（雨が降り<u>そうだ</u>）

⑪ 希望……たい・たがる（いっぱい遊び<u>たい</u>　おもちゃを欲し<u>がる</u>）

⑫ 断定……だ（悪いのは相手の方<u>だ</u>）

⑬ 伝聞……そうだ（試験に合格した<u>そうだ</u>）

⑭ 推定……らしい（明日は雨<u>らしい</u>）

⑮ 丁寧……です・ます（それはわたし<u>です</u>　ここにあり<u>ます</u>）

⑯ 打消推量・打消意志……まい（そんなことはある<u>まい</u>　けっして言う<u>まい</u>）

〈助詞〉付属語で活用せず，ある語について，その語と他の語との関係を補助したり，意味を添えたりする。

① 格助詞……主として体言に付き，その語と他の語の関係を示す。

→が・の・を・に・へ・と・から・より・で・や

② 副助詞……いろいろな語に付いて，意味を添える。

→は・も・か・こそ・さえ・でも・しか・まで・ばかり・だけ・など

③ 接続助詞……用言・活用語に付いて，上と下の文節を続ける。

→ば・けれども・が・のに・ので・ても・から・たり・ながら

④ 終助詞……文末（もしくは文節の切れ目）に付いて意味を添える。

→なあ（感動）・よ（念押し）・な（禁止）・か（疑問）・ね（念押し）

演習問題

1 次のア～オのうち，下線部の表現が適切でないものはどれか。

1 彼はいつもまわりに愛嬌をふりまいて，場を和やかにしてくれる。

2 的を射た説明によって，よく理解することができた。

3 舌先三寸で人をまるめこむのではなく，誠実に説明する。

4 この重要な役目は，彼女に白羽の矢が当てられた。

5 二の舞を演じないように，失敗から学ばなくてはならない。

2 次の文について，言葉の用法として適切なものはどれか。

1 矢折れ刀尽きるまで戦う。

2 ヘルプデスクに電話したが「分かりません」と繰り返すだけで取り付く暇もなかった。

3 彼の言動は肝に据えかねる。

4 彼は証拠にもなく何度も賭け事に手を出した。

5 適切なものはない。

3 下線部の言葉の用法として適切なものはどれか。

1 彼はのべつ暇なく働いている。

2 あの人の言動は常軌を失っている。

3 彼女は熱に泳がされている。

4 彼らの主張に対して間髪をいれずに反論した。

5 彼女の自分勝手な振る舞いに顔をひそめた。

4 次の文で，下線部が適切でないものはどれか。
1　ぼくの目標は，兄より早く走れるようになる<u>こと</u>です。
2　<u>先生のおっしゃること</u>をよく聞くのですよ。
3　昨日は家で本を読んだり，テレビを<u>見</u>ていました。
4　風にざわめく木々は，まるで私たちにあいさつをしている<u>ようだった</u>。
5　先生の業績については，よく<u>存じております</u>。

5 下線部の言葉の用法が適切でないものはどれか。
1　<u>急いては事を仕損じる</u>ので，マイペースを心がける。
2　彼女は<u>目端が利く</u>。
3　<u>世知辛い</u>世の中になったものだ。
4　安全を<u>念頭に置いて</u>作業を進める。
5　次の試験に<u>標準を合わせて</u>勉強に取り組む。

○○○解答・解説○○○

1　4

解説　1の「愛嬌をふりまく」は，おせじなどをいい，明るく振る舞うこと，2の「的を射る」は的確に要点をとらえること，3の「舌先三寸」は口先だけの巧みに人をあしらう弁舌のこと，4はたくさんの中から選びだされるという意味だが，「白羽の矢が当てられた」ではなく，「白羽の矢が立った」が正しい。5の「二の舞を演じる」は他人がした失敗を自分もしてしまうという意味である。

2　5

解説　1「刀折れ矢尽きる」が正しく，「なす術がなくなる」という意味である。　2　話を進めるきっかけが見つからない。すがることができない，という意味になるのは「取り付く島がない」が正しい。　3　「言動」という言葉から，「我慢できなくなる」という意味の言葉を使う必要がある。「腹に据えかねる」が正しい。　4　「何度も賭け事に手を出した」という部分から「こりずに」という意味の「性懲りもなく」が正しい。

3 4

解説　1「のべつ幕なしに」，2は「常軌を逸している」，3は「熱に浮かされている」，5は「眉をひそめた」が正しい。

4 3

解説　3は前に「読んだり」とあるので，後半も「見たり」にしなければならないが，「見ていました」になっているので表現として適当とはいえない。

5 5

解説　5は，「狙う，見据える」という意味の「照準」を使い，「照準を合わせて」と表記するのが正しい。

非言語分野

計算式・不等式

演習問題

1 分数 $\dfrac{30}{7}$ を小数で表したとき，小数第100位の数字として正しいものはどれか。

  1　1　　2　2　　3　4　　4　5　　5　7

2 $x = \sqrt{2} - 1$ のとき，$x + \dfrac{1}{x}$ の値として正しいものはどれか。

  1　$2\sqrt{2}$　　2　$2\sqrt{2} - 2$　　3　$2\sqrt{2} - 1$　　4　$3\sqrt{2} - 3$
  5　$3\sqrt{2} - 2$

3 360の約数の総和として正しいものはどれか。

  1　1060　　2　1170　　3　1250　　4　1280　　5　1360

4 $\dfrac{x}{2} = \dfrac{y}{3} = \dfrac{z}{5}$ のとき，$\dfrac{x - y + z}{3x + y - z}$ の値として正しいものはどれか。

  1　-2　　2　-1　　3　$\dfrac{1}{2}$　　4　1　　5　$\dfrac{3}{2}$

5 $\dfrac{\sqrt{2}}{\sqrt{2} - 1}$ の整数部分を a，小数部分を b とするとき，$a \times b$ の値として正しいものは次のうちどれか。

  1　$\sqrt{2}$　　2　$2\sqrt{2} - 2$　　3　$2\sqrt{2} - 1$　　4　$3\sqrt{2} - 3$
  5　$3\sqrt{2} - 2$

6 $x = \sqrt{5} + \sqrt{2}$，$y = \sqrt{5} - \sqrt{2}$ のとき，$x^2 + xy + y^2$ の値として正しいものはどれか。

  1　15　　2　16　　3　17　　4　18　　5　19

7 $\dfrac{\sqrt{2}}{\sqrt{2}-1}$ の整数部分をa, 小数部分をbとするとき, b^2の値として正しいものはどれか。

 1 $2-\sqrt{2}$ 2 $1+\sqrt{2}$ 3 $2+\sqrt{2}$ 4 $3+\sqrt{2}$

 5 $3-2\sqrt{2}$

8 ある中学校の生徒全員のうち, 男子の7.5%, 女子の6.4%を合わせて37人がバドミントン部員であり, 男子の2.5%, 女子の7.2%を合わせて25人が吹奏楽部員である。この中学校の女子全員の人数は何人か。

 1 246人 2 248人 3 250人 4 252人 5 254人

9 連続した3つの正の偶数がある。その小さい方2数の2乗の和は, 一番大きい数の2乗に等しいという。この3つの数のうち, 最も大きい数として正しいものはどれか。

 1 6 2 8 3 10 4 12 5 14

○○○解答・解説○○○

1 5

解説 実際に30を7で割ってみると,
$\dfrac{30}{7} = 4.28571428571\cdots\cdots$ となり, 小数点以下は, 6つの数字"285714"が繰り返されることがわかる。$100 \div 6 = 16$余り4だから, 小数第100位は, "285714"のうちの4つ目の"7"である。

2 1

解説 $x=\sqrt{2}-1$を$x+\dfrac{1}{x}$に代入すると,

$$x+\frac{1}{x}=\sqrt{2}-1+\frac{1}{\sqrt{2}-1}=\sqrt{2}-1+\frac{\sqrt{2}+1}{(\sqrt{2}-1)(\sqrt{2}+1)}$$

$$=\sqrt{2}-1+\frac{\sqrt{2}+1}{2-1}$$

$$=\sqrt{2}-1+\sqrt{2}+1=2\sqrt{2}$$

$\boxed{3}$ 2

解説 360を素因数分解すると，$360 = 2^3 \times 3^2 \times 5$ であるから，約数の総和は $(1 + 2 + 2^2 + 2^3)(1 + 3 + 3^2)(1 + 5) = (1 + 2 + 4 + 8)(1 + 3 + 9)(1 + 5) = 15 \times 13 \times 6 = 1170$ である。

$\boxed{4}$ 4

解説 $\dfrac{x}{2} = \dfrac{y}{3} = \dfrac{z}{5} = A$ とおく。

$x = 2A$，$y = 3A$，$z = 5A$ となるから，

$x - y + z = 2A - 3A + 5A = 4A$，$3x + y - z = 6A + 3A - 5A = 4A$

したがって，$\dfrac{x - y + z}{3x + y - z} = \dfrac{4A}{4A} = 1$ である。

$\boxed{5}$ 4

解説 分母を有理化する。

$$\frac{\sqrt{2}}{\sqrt{2} - 1} = \frac{\sqrt{2}(\sqrt{2} + 1)}{(\sqrt{2} - 1)(\sqrt{2} + 1)} = \frac{2 + \sqrt{2}}{2 - 1} = 2 + \sqrt{2} = 2 + 1.414\cdots = 3.414\cdots$$

であるから，$a = 3$ であり，$b = (2 + \sqrt{2}) - 3 = \sqrt{2} - 1$ となる。

したがって，$a \times b = 3(\sqrt{2} - 1) = 3\sqrt{2} - 3$

$\boxed{6}$ 3

解説 $(x + y)^2 = x^2 + 2xy + y^2$ であるから，

$x^2 + xy + y^2 = (x + y)^2 - xy$ と表せる。

ここで，$x + y = (\sqrt{5} + \sqrt{2}) + (\sqrt{5} - \sqrt{2}) = 2\sqrt{5}$，

$\qquad\quad xy = (\sqrt{5} + \sqrt{2})(\sqrt{5} - \sqrt{2}) = 5 - 2 = 3$

であるから，求める $(x + y)^2 - xy = (2\sqrt{5})^2 - 3 = 20 - 3 = 17$

$\boxed{7}$ 5

解説 分母を有理化すると，

$$\frac{\sqrt{2}}{\sqrt{2} - 1} = \frac{\sqrt{2}(\sqrt{2} + 1)}{(\sqrt{2} - 1)(\sqrt{2} + 1)} = \frac{2 + \sqrt{2}}{2 - 1} = 2 + \sqrt{2}$$

$\sqrt{2} = 1.4142\cdots\cdots$ であるから，$2 + \sqrt{2} = 2 + 1.4142\cdots\cdots = 3.14142\cdots\cdots$

したがって，$a = 3$，$b = 2 + \sqrt{2} - 3 = \sqrt{2} - 1$ といえる。

したがって，$b^2 = (\sqrt{2} - 1)^2 = 2 - 2\sqrt{2} + 1 = 3 - 2\sqrt{2}$ である。

$\boxed{8}$ 3

解説　男子全員の人数を x，女子全員の人数を y とする。

$0.075x + 0.064y = 37\cdots$①

$0.025x + 0.072y = 25\cdots$②

①－②×3 より

$$\begin{array}{r} \left\{ \begin{array}{l} 0.075x + 0.064y = 37\cdots① \\ 0.075x + 0.216y = 75\cdots②' \end{array} \right. \\ \hline -0.152y = -38 \end{array}$$

$\therefore$　$152y = 38000$　$\therefore$　$y = 250$　$x = 280$

よって，女子全員の人数は250人。

$\boxed{9}$ 3

解説　3つのうちの一番小さいものを $x(x>0)$ とすると，連続した3つの正の偶数は，x，$x+2$，$x+4$ であるから，与えられた条件より，次の式が成り立つ。$x^2+(x+2)^2 = (x+4)^2$　かっこを取って，$x^2+x^2+4x+4=x^2+8x+16$　整理して，$x^2-4x-12=0$　よって，$(x+2)(x-6)=0$　よって，$x=-2$, 6　$x>0$ だから，$x=6$ である。したがって，3つの偶数は，6, 8, 10である。このうち最も大きいものは，10である。

演習問題

1 家から駅までの道のりは30kmである。この道のりを，初めは時速5km，途中から，時速4kmで歩いたら，所要時間は7時間であった。時速5kmで歩いた道のりとして正しいものはどれか。

　1　8km　　　2　10km　　　3　12km　　　4　14km　　　5　15km

2 横の長さが縦の長さの2倍である長方形の厚紙がある。この厚紙の四すみから，一辺の長さが4cmの正方形を切り取って，折り曲げ，ふたのない直方体の容器を作る。その容積が64cm³のとき，もとの厚紙の縦の長さとして正しいものはどれか。

　1　$6-2\sqrt{3}$　　　2　$6-\sqrt{3}$　　　3　$6+\sqrt{3}$　　　4　$6+2\sqrt{3}$
　5　$6+3\sqrt{3}$

3 縦50m，横60mの長方形の土地がある。この土地に，図のような直角に交わる同じ幅の通路を作る。通路の面積を土地全体の面積の$\frac{1}{3}$以下にするには，通路の幅を何m以下にすればよいか。

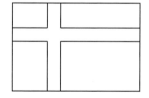

　1　8m　　　2　8.5m　　　3　9m　　　4　10m
　5　10.5m

4 下の図のような，曲線部分が半円で，1周の長さが240mのトラックを作る。中央の長方形ABCDの部分の面積を最大にするには，直線部分ADの長さを何mにすればよいか。次から選べ。

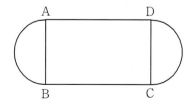

　1　56m　　　2　58m　　　3　60m　　　4　62m　　　5　64m

5 AとBの2つのタンクがあり，Aには8m³，Bには5m³の水が入っている。Aには毎分1.2m³，Bには毎分0.5m³ずつの割合で同時に水を入れ始めると，Aの水の量がBの水の量の2倍以上になるのは何分後からか。正しいものはどれか。

1　8分後　　　2　9分後　　　3　10分後　　　4　11分後　　　5　12分後

○○○解答・解説○○○

1 2

解説　時速5kmで歩いた道のりを$x$kmとすると，時速4kmで歩いた道のりは，$(30-x)$kmであり，時間＝距離÷速さ　であるから，次の式が成り立つ。

$$\frac{x}{5}+\frac{30-x}{4}=7$$

両辺に20をかけて，$4x+5(30-x)=7\times20$

整理して，$4x+150-5x=140$

よって，$x=10$　である。

2 4

解説　厚紙の縦の長さを$x$cmとすると，横の長さは$2x$cmである。また，このとき，容器の底面は，縦$(x-8)$cm，横$(2x-8)$cmの長方形で，容器の高さは4cmである。

厚紙の縦，横，及び，容器の縦，横の長さは正の数であるから，

$x>0$，$x-8>0$，$2x-8>0$

すなわち，$x>8$……①

容器の容積が64cm³であるから，

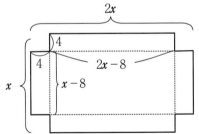

$4(x-8)(2x-8)=64$となり，

$(x-8)(2x-8)=16$

これより，$(x-8)(x-4)=8$

$x^2-12x+32=8$となり，$x^2-12x+24=0$

よって，$x=6\pm\sqrt{6^2-24}=6\pm\sqrt{12}=6\pm2\sqrt{3}$

このうち①を満たすものは，$x=6+2\sqrt{3}$

3 4

解説 通路の幅をxmとすると，$0<x<50$……①

また，$50x+60x-x^2\leqq1000$

よって，$(x-10)(x-100)\geqq0$

したがって，$x\leqq10$，$100\leqq x$……②

①②より，$0<x\leqq10$　つまり，10m以下。

4 3

解説 直線部分ADの長さをxmとおくと，$0<2x<240$より，xのとる値の範囲は，$0<x<120$である。

半円の半径をrmとおくと，

$2\pi r=240-2x$より，

$r=\dfrac{120}{\pi}-\dfrac{x}{\pi}=\dfrac{1}{\pi}(120-x)$

長方形ABCDの面積をym²とすると，

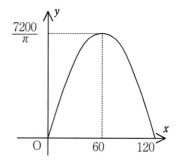

$y=2r\cdot x=2\cdot\dfrac{1}{\pi}(120-x)x$

$=-\dfrac{2}{\pi}(x^2-120x)$

$=-\dfrac{2}{\pi}(x-60)^2+\dfrac{7200}{\pi}$

この関数のグラフは，図のようになる。yは$x=60$のとき最大となる。

5 3

解説 x分後から2倍以上になるとすると，題意より次の不等式が成り立つ。

$8+1.2x\geqq2(5+0.5x)$

かっこをはずして，$8+1.2x\geqq10+x$

整理して，$0.2x\geqq2$　よって，$x\geqq10$

つまり10分後から2倍以上になる。

組み合わせ・確率

演習問題

[1] 1個のさいころを続けて3回投げるとき，目の和が偶数になるような場合は何通りあるか。正しいものを選べ。

  1　106通り　　　2　108通り　　　3　110通り　　　4　112通り
  5　115通り

[2] A，B，C，D，E，Fの6人が2人のグループを3つ作るとき，AとBが同じグループになる確率はどれか。正しいものを選べ。

  1　$\dfrac{1}{6}$　　2　$\dfrac{1}{5}$　　3　$\dfrac{1}{4}$　　4　$\dfrac{1}{3}$　　5　$\dfrac{1}{2}$

○○○解答・解説○○○

[1] 2

解説　和が偶数になるのは，3回とも偶数の場合と，偶数が1回で，残りの2回が奇数の場合である。さいころの目は，偶数と奇数はそれぞれ3個だから，

  (1)　3回とも偶数：$3 \times 3 \times 3 = 27$〔通り〕
  (2)　偶数が1回で，残りの2回が奇数
    ・偶数/奇数/奇数：$3 \times 3 \times 3 = 27$〔通り〕
    ・奇数/偶数/奇数：$3 \times 3 \times 3 = 27$〔通り〕
    ・奇数/奇数/偶数：$3 \times 3 \times 3 = 27$〔通り〕

したがって，合計すると，$27 + (27 \times 3) = 108$〔通り〕である。

[2] 2

解説　A，B，C，D，E，Fの6人が2人のグループを3つ作るときの，すべての作り方は$\dfrac{{}_6C_2 \times {}_4C_2}{3!} = 15$通り。このうち，AとBが同じグループになるグループの作り方は$\dfrac{{}_4C_2}{2!} = 3$通り。よって，求める確率は$\dfrac{3}{15} = \dfrac{1}{5}$である。

演習問題

1 次の図で，直方体ABCD－EFGHの辺 AB，BCの中点をそれぞれ M，Nとする。この直方体を3点M，F，Nを通る平面で切り，頂点B を含むほうの立体をとりさる。AD＝DC ＝8cm，AE＝6cmのとき，△MFNの 面積として正しいものはどれか。

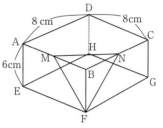

1　$3\sqrt{22}$〔cm²〕　　2　$4\sqrt{22}$〔cm²〕

3　$5\sqrt{22}$〔cm²〕　　4　$4\sqrt{26}$〔cm²〕

5　$4\sqrt{26}$〔cm²〕

2 右の図において，四角形ABCDは円に内 接しており，弧BC＝弧CDである。AB，AD の延長と点Cにおけるこの円の接線との交点 をそれぞれP，Qとする。AC＝4cm，CD＝ 2cm，DA＝3cmとするとき，△BPCと△ APQの面積比として正しいものはどれか。

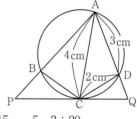

1　1：5　　2　1：6　　3　1：7　　4　2：15　　5　3：20

3 1辺の長さが15のひし形がある。その対角線の長さの差は6である。 このひし形の面積として正しいものは次のどれか。

1　208　　2　210　　3　212　　4　214　　5　216

4 右の図において，円C_1の 半径は2，円C_2の半径は5，2 円の中心間の距離は$O_1O_2＝9$ である。2円の共通外接線lと2 円C_1，C_2との接点をそれぞれA， Bとするとき，線分ABの長さ として正しいものは次のどれ か。

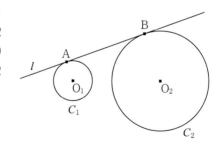

1　$3\sqrt{7}$　　2　8　　3　$6\sqrt{2}$　　4　$5\sqrt{3}$　　5　$4\sqrt{5}$

⑤ 下の図において，点Eは，平行四辺形ABCDの辺BC上の点で，AB＝AEである。また，点Fは，線分AE上の点で，∠AFD＝90°である。∠ABE＝70°のとき，∠CDFの大きさとして正しいものはどれか。

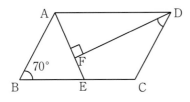

1 48°   2 49°   3 50°   4 51°   5 52°

⑥ 底面の円の半径が4で，母線の長さが12の直円すいがある。この円すいに内接する球の半径として正しいものは次のどれか。

1 $2\sqrt{2}$

2 3

3 $2\sqrt{3}$

4 $\dfrac{8}{3}\sqrt{2}$

5 $\dfrac{8}{3}\sqrt{3}$

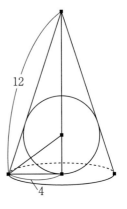

○○○解答・解説○○○

1 2

解説　△MFNはMF＝NFの二等辺三角形。MB＝$\dfrac{8}{2}$＝4，BF＝6より，
MF^2＝4^2+6^2＝52

また，MN＝$4\sqrt{2}$

FからMNに垂線FTを引くと，△MFTで三平方の定理より，

FT^2＝MF^2－MT^2＝52－$\left(\dfrac{4\sqrt{2}}{2}\right)^2$＝52－8＝44

よって，FT＝$\sqrt{44}$＝$2\sqrt{11}$

したがって，△MFN＝$\dfrac{1}{2}$・$4\sqrt{2}$・$2\sqrt{11}$＝$4\sqrt{22}$〔cm²〕

2 3

解説　∠PBC＝∠CDA，∠PCB＝∠BAC＝∠CADから，
△BPC∽△DCA
相似比は2：3，面積比は，4：9
また，△CQD∽△AQCで，相似比は1：2，面積比は1：4
したがって，△DCA：△AQC＝3：4
よって，△BPC：△DCA：△AQC＝4：9：12
さらに，△BPC∽△CPAで，相似比1：2，面積比1：4
よって，△BPC：△APQ＝4：（16＋12）＝4：28＝1：7

3 5

解説　対角線のうちの短い方の長さの半分の長さをxとすると，長い方
の対角線の長さの半分は，$(x+3)$と表せるから，三平方の定理より次の式
がなりたつ。

$$x^2+(x+3)^2=15^2$$

整理して，$2x^2+6x-216=0$　よって，$x^2+3x-108=0$
$(x-9)(x+12)=0$より，$x=9, -12$　xは正だから，$x=9$である。
したがって，求める面積は，$4\times\dfrac{9\times(9+3)}{2}=216$

4 5

解説　円の接線と半径より
$O_1A\perp l$，$O_2B\perp l$であるから，
点O_1から線分O_2Bに垂線O_1Hを
下ろすと，四角形AO_1HBは長方
形で，
　$HB=O_1A=2$だから，
$O_2H=3$
△O_1O_2Hで三平方の定理より，
　$O_1H=\sqrt{9^2-3^2}=6\sqrt{2}$
　　よって，$AB=O_1H=6\sqrt{2}$

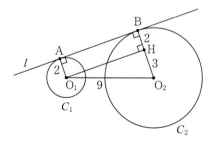

<blockquote>
5　3
</blockquote>

解説　∠AEB = ∠ABE = 70°より，∠AEC = 180 − 70 = 110°
また，∠ABE + ∠ECD = 180°より，∠ECD = 110°
四角形FECDにおいて，四角形の内角の和は360°だから，
∠CDF = 360° − (90° + 110° + 110°) = 50°

<blockquote>
6　1
</blockquote>

解説　円すいの頂点をA，球の中心を
O，底面の円の中心をHとする。3点A, O,
Hを含む平面でこの立体を切断すると，
断面は図のような二等辺三角形とその内
接円であり，求めるものは内接円の半径
OHである。

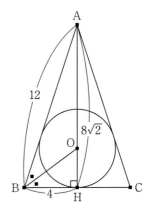

　△ABHで三平方の定理より，
　　AH=$\sqrt{12^2 - 4^2}$ = 8$\sqrt{2}$

　　Oは三角形ABCの内心だから，BO
は∠ABHの2等分線である。

　よって，AO : OH = BA : BH = 3 : 1

　　OH = $\frac{1}{4}$AH = 2$\sqrt{2}$

●情報提供のお願い●

　就職活動研究会では，就職活動に関する情報を募集していま
す。

　エントリーシートやグループディスカッション，面接，筆記
試験の内容等について情報をお寄せください。ご応募はメール
アドレス（edit@kyodo-s.jp）へお願いいたします。お送りくださ
いました方々には薄謝をさしあげます。

　ご協力よろしくお願いいたします。

会社別就活ハンドブックシリーズ

ダイキン工業の
就活ハンドブック

編　者　就職活動研究会

発　行　令和 6 年 2 月 25 日

発行者　小貫輝雄

発行所　協同出版株式会社
　　　　〒101−0054
　　　　東京都千代田区神田錦町2−5
　　　　　電話　03−3295−1341
　　　　　振替　東京00190−4−94061

印刷所　協同出版・POD 工場

落丁・乱丁はお取り替えいたします

●2025年度版●
会社別就活ハンドブックシリーズ
【全111点】

運　輸

東日本旅客鉄道の就活ハンドブック

東海旅客鉄道の就活ハンドブック

西日本旅客鉄道の就活ハンドブック

東京地下鉄の就活ハンドブック

小田急電鉄の就活ハンドブック

阪急阪神 HD の就活ハンドブック

商船三井の就活ハンドブック

日本郵船の就活ハンドブック

機　械

三菱重工業の就活ハンドブック

川崎重工業の就活ハンドブック

IHI の就活ハンドブック

島津製作所の就活ハンドブック

浜松ホトニクスの就活ハンドブック

村田製作所の就活ハンドブック

クボタの就活ハンドブック

金　融

三菱 UFJ 銀行の就活ハンドブック

三菱 UFJ 信託銀行の就活ハンドブック

みずほ FG の就活ハンドブック

三井住友銀行の就活ハンドブック

三井住友信託銀行の就活ハンドブック

野村證券の就活ハンドブック

りそなグループの就活ハンドブック

ふくおか FG の就活ハンドブック

日本政策投資銀行の就活ハンドブック

建設・不動産

三菱地所の就活ハンドブック

三井不動産の就活ハンドブック

積水ハウスの就活ハンドブック

大和ハウス工業の就活ハンドブック

鹿島建設の就活ハンドブック

大成建設の就活ハンドブック

清水建設の就活ハンドブック

資源・素材

旭旭化成グループの就活ハンドブック

東レの就活ハンドブック

ワコールの就活ハンドブック

関西電力の就活ハンドブック

日本製鉄の就活ハンドブック

中部電力の就活ハンドブック

九州電力の就活ハンドブック

自動車

トヨタ自動車の就活ハンドブック   デンソーの就活ハンドブック

本田技研工業の就活ハンドブック   日産自動車の就活ハンドブック

商　社

三菱商事の就活ハンドブック   伊藤忠商事の就活ハンドブック

住友商事の就活ハンドブック   双日の就活ハンドブック

丸紅の就活ハンドブック   豊田通商の就活ハンドブック

三井物産の就活ハンドブック

情報通信・IT

NTT データの就活ハンドブック   サイバーエージェントの就活ハンドブック

NTT ドコモの就活ハンドブック   LINE ヤフーの就活ハンドブック

野村総合研究所の就活ハンドブック   SCSK の就活ハンドブック

日本電信電話の就活ハンドブック   富士ソフトの就活ハンドブック

KDDI の就活ハンドブック   日本オラクルの就活ハンドブック

ソフトバンクの就活ハンドブック   GMO インターネットグループ

楽天の就活ハンドブック   オービックの就活ハンドブック

mixi の就活ハンドブック   DTS の就活ハンドブック

グリーの就活ハンドブック   TIS の就活ハンドブック

食品・飲料

サントリー HD の就活ハンドブック   日本たばこ産業 の就活ハンドブック

味の素の就活ハンドブック   日清食品グループの就活ハンドブック

キリン HD の就活ハンドブック   山崎製パンの就活ハンドブック

アサヒグループ HD の就活ハンドブック   キューピーの就活ハンドブック

生活用品

資生堂の就活ハンドブック   武田薬品工業の就活ハンドブック

花王の就活ハンドブック

電気機器

三菱電機の就活ハンドブック	パナソニックの就活ハンドブック
ダイキン工業の就活ハンドブック	富士通の就活ハンドブック
ソニーの就活ハンドブック	キヤノンの就活ハンドブック
日立製作所の就活ハンドブック	京セラの就活ハンドブック
ＮＥＣの就活ハンドブック	オムロンの就活ハンドブック
富士フイルム HD の就活ハンドブック	キーエンスの就活ハンドブック

保　険

東京海上日動火災保険の就活ハンドブック	三井住友海上火災保険の就活ハンドブック
第一生命ホールディングスの就活ハンドブック	損保ジャパンの就活ハンドブック

メディア

日本印刷の就活ハンドブック	エイベックスの就活ハンドブック
博報堂 DY の就活ハンドブック	東宝の就活ハンドブック
TOPPAN ホールディングスの就活ハンドブック	

流通・小売

ニトリ HD の就活ハンドブック	ZOZO の就活ハンドブック
イオンの就活ハンドブック	

エンタメ・レジャー

オリエンタルランドの就活ハンドブック	任天堂の就活ハンドブック
アシックスの就活ハンドブック	カプコンの就活ハンドブック
バンダイナムコ HD の就活ハンドブック	セガサミー HD の就活ハンドブック
コナミグループの就活ハンドブック	タカラトミーの就活ハンドブック
スクウェア・エニックス HD の就活ハンドブック	

▼会社別就活ハンドブックシリーズにつきましては，協同出版のホームページからもご注文ができます。詳細は下記のサイトでご確認下さい。

https://kyodo-s.jp/examination_company